WIZARD

ウォール街の
モメンタム
ウォーカー

個別銘柄編

株式投資の新しい真実

Quantitative

Momentum

A Practitioner's Guide to Building a Momentum-Based
Stock Selection System
by Wesley R. Gray, Jack R. Vogel

ウェスリー・**R**・グレイ、ジョン（ジャック）・**R**・ボーゲル［著］

長尾慎太郎［監修］　山下恵美子［訳］

Ⓟ Pan Rolling

監修者まえがき

　本書はファイナンスの専門家であるウェスリー・R・グレイとジャック・R・ボーゲルが著した"Quantitative Momentum : A Practitioner's Guide to Building a Momentum-Based Stock Selection System"の邦訳である。本文中にも先行研究として紹介されているゲイリー・アントナッチの『ウォール街のモメンタムウォーカー』（パンローリング）が、アセットクラスとしての株式市場のモメンタムに着目したものであるのに対して、本書は個別株式のモメンタムを使った投資法を解説した初めての相場書となる。

　さて、モメンタムは株式投資における強力なファクターであるにもかかわらず、一般にはなじみのない概念であり、ほとんどの投資家にとって、これまで考慮の対象外であった。その理由は、株式投資の世界ではピアグループ内で相対的な比較を行う「クロスセクション分析」が主流であり、特定の銘柄の過去と現在とを比較する「時系列分析」を行う人は限定的だったことにある（逆に、商品トレードの世界では時系列分析が中心で、クロスセクション分析は原則として行われない）。

　このため、20世紀後半に月探査機が飛ぶまで人類がダークサイドムーン（Dark Side of the Moon）を見ることができなかったのと同様に、CAPM（資本資産価格モデル）をはじめとした既存の理論体系に勇気をもって異議を唱え多角的な分析を行う著者たちのような人々が現れるまで、株式の世界ではモメンタムの真実に光が当てられることはなかったのである。

　本書の価値は、市場、サイズ、バリューに続く、株式投資における第4のファクターとしてのモメンタムの効力や、従来混同されることの多かったモメンタム投資と成長株投資との違いを定量的な検証により明らかにしたことだけにとどまらない。なかでも、モメンタムとバ

リューの出処は本来同じであり、それらは人間の持つ行動バイアスの表と裏の関係にある（バリュー投資の機会は悪いニュースに対する過剰反応から生じ、モメンタム投資の機会は良いニュースに対する過小反応から生まれる）ゆえに、モメンタム投資とバリュー投資とは直交しており、ポートフォリオ内で互いに高度に補完し合うことを示したことには大きな意義がある。

　また個人的には、モメンタムを正しく測るための手段として、単なるナイーブなリターンではなく経路（パス）を考慮して構築された本書の指標が、私が商品のトレードで経験的に習得し、株式投資に演繹して使ってきたものとほとんど同じであることに驚かされた。本書全体を通し著者の2人が先駆的かつ実践的な内容をここまで詳しく体系的に書いてくれたことをここに深く感謝する。

　本書は、モメンタム投資そのものに興味のある方だけではなく、バリュー投資戦略単独ではどうしても対処することの難しい時期や局面をなんとか補いたいと考えるバリュー投資家にもぜひ読んでもらいたい。そして、さらに本質に迫りたい方には、本書と同じ著者による定量的バリュー投資の素晴らしい教科書 "Quantitative Value : A Practitioner's Guide to Automating Intelligent Investment and Eliminating Behavioral Errors"（Wiley）を強くお薦めする。

　最後に、翻訳にあたっては以下の方々にお礼を申し上げたい。山下恵美子氏は正確な翻訳を行っていただいた。そして阿部達郎氏には丁寧な編集・校正を行っていただいた。また、本書が発行される機会を得たのは、パンローリング社の後藤康徳社長のおかげである。

2017年9月

　　　　　　　　　　　　　　　　　　　長尾慎太郎

「安いものを買え。強いものを買え。そして、それを長く保有せよ」 ── ウェスリー・グレイ＆ジャック・ボーゲル

目　次
CONTENTS

序文

　効率的市場仮説によれば、過去の価格変動に基づいて将来の値動き
を予測することはできない。しかし、実際には、過去の価格変動に基
づいて将来の期待パフォーマンスを予測することはできる。これを称
して、「モメンタム」と言う。モメンタムは、あなたのおじいさんでも
理解できるシンプルな戦略だ ―― 「強いものを買え」ということだ。
モメンタムは公然の秘密なのだ。過去に強かったものを買うという戦
略は200年以上に及ぶ成功の歴史を持つ。これは効率的市場仮説
（EMH）に大きな打撃を与えた。じゃあ、みんなモメンタム投資家に
なればよいじゃないか。でも、これを阻む理由が2つある。1つは、投
資家たちには根深い行動バイアスがあるため、アンチモメンタムトレ
ーダーになってしまうこと、もう1つは、モメンタムを利用したいと
思っているプロにとって、市場の制約によってモメンタム投資に踏み
切れないということだ。

　人間はシステマティックな予測エラーから逃れることはできない。し
たがって、価格はファンダメンタルズから乖離する可能性がある。バ
リュー投資の場合、この予測エラーは大概の場合はネガティブなニュ
ースに対する「過剰反応」として現れる。一方、モメンタム投資の場
合、予測エラーは意外にもポジティブなニュースに対する「過小反応」
（過剰反応と言う人もおり、これは否定できないが、大概は過小反応と
してとらえられることが多い）ととらえられることが多い。したがっ
て、行動バイアスはバリュー投資の長期的な超過リターンを生みだす
と信じている投資家は、モメンタムの長期的な持続可能性を生みだす
重要なメカニズムも信じていることになる。つまり、バリュー投資と
モメンタム投資は同じ行動バイアスのコインの表裏一体の関係にある
ということである。

しかし、モメンタム戦略はなぜもっと多くの投資家たちに活用され、裁定取引に使われないのだろうか。これからおいおい議論していくが、ミスプライシング機会が消失するスピードは、利用コストに依存する。取引コストと情報取得コスト（ゼロではない）は別として、長く続くミスプライシング機会の利用にかかわる最大のコストは、キャリアリスクである。キャリアリスクが発生するのは、投資家たちは資産運用をプロに委託することが多いからである。資産をプロのファンドマネジャーに委託する投資家は、雇ったマネジャーのパフォーマンスを、ベンチマークに対する短期的な相対パフォーマンスを基に評価するのが一般的だ。しかし、これはファンドマネジャーたちにゆがんだインセンティブを生みだす。ファンドマネジャーは、長期的に高い期待パフォーマンスが期待できるミスプライシング機会を利用したいと考えるが、それはあくまで期待パフォーマンスが標準的なベンチマークから長期にわたって「大きく乖離しない」場合のみである。手短に言えば、モメンタムを使った戦略は、パッシブベンチマークを大きくアンダーパフォームすることが時折あり、「キャリアリスク」プレミアムを生みだす。おそらくこれが、モメンタム戦略が機能する理由である。この推論に従えば、モメンタム戦略、あるいはどんなアノマリー戦略でも将来的に持続可能だと信じるには、次の2つの前提を設ける必要がある。

●投資家は行動バイアスに陥り続ける
●資産運用を他人に委託する投資家は近視眼的なパフォーマンスチェイサーである

　近い未来を予測するには、これら2つの前提に基づけばよいと考える。したがって、これらの前提に立てば、プロセスを重視し長期的な視野を持つ規律ある投資家にとっては、常に機会が存在するはずであ

る。

　モメンタム投資家としてやっていく心構えができていて、さらにその旅は苦労の多いものになるだろうという現実も理解しているならば、問題は、「効果的なモメンタム戦略をどう構築すべきか」ということになる。本書は、私たちが銘柄選択モメンタム戦略を構築するために行った何年にもわたる研究について述べたものだ。冒険を続けた結果、私たちがたどり着いたのが定量的モメンタム戦略である。これは、「最もクオリティーの高いモメンタムを持つ銘柄を買う」戦略だ。最初にはっきり言っておくが、私たちは「最良」のモメンタム戦略、つまりうまくいくことが「保証された」モメンタム戦略を開発したわけではない。しかし、私たちのプロセスは証拠に基づく合理的なもので、首尾一貫して論理的に行動経済学に結びつくものである。また、私たちがなぜ、どのようにこのプロセスを開発したのかについても明確に説明する。読者の方々には私たちの前提に疑問を持ち、結果をリバースエンジニアリングし、私たちのプロセスが改善できると思うのであれば、ぜひとも知らせてほしい。私たちへは https://www.alphaarchitect.com/ から常にアクセス可能だ。疑問・質問があればどしどしお寄せいただきたい。

　本書があなたにとって楽しい読書になることを祈っている。

謝辞

　本書を著すにあたっては、たくさんの同僚、友人、家族から多大なる支援をいただいた。まずは、私たちを絶えず支えてくれ、私たちが原稿を書くことができるようにいたずら盛りの子供たちの面倒を見てくれた私たちの妻であるケイティ・グレイとメグ・ボーゲルに感謝する。また、私たちが初稿を書いている間、配慮してくれたアルファ・アーキテクトのチームにも感謝する。特に、デビッド・フォークは貴重なコメントを与えてくれたうえ、目が回るほど何度も原稿を読み返してくれた。ウォルター・ヘインズは原稿をはるかに良いものに改良するうえで重要な役割を果たしてくれた。ヤン・スーはリサーチを手伝ってくれ、夜遅くまで数字と格闘してくれた。アルファ・アーキテクト・チームのそのほかのメンバー —— ティアン・ヤオ、タオ・ワン、パット・クリアリー、カール・カナー、シン・ソン —— あなたがたから受けた恩は一生忘れない。早々にコメントをくれ、信じられないくらいの洞察を与えてくれた読者の方たちにも感謝する。アンドリュー・ミラー、ラリー・ダン、マット・マルテッリ、パット・オショーネシー、ゲイリー・アントナッチ、それと少数の匿名読者にも感謝する ——私たち二人だけでやっていれば、こんなに素晴らしい本には仕上がらなかっただろう。最後に、編集を担当してくれたジュリー・カーに感謝する —— 貴重なフィードバックをありがとう。

第1部 モメンタムを理解する
Understanding Momentum

本書は２部からなる。第１部では、モメンタムをシステマティックな銘柄選択ツールとして使う理由について詳しく説明する。第１章の「宗教よりも理性を」では、２つの支配的な投資宗教── ファンダメンタルズとテクニカル ── について議論する。証拠を重視する投資家は両方のアプローチを使うことをお勧めする。第２章の「アクティブ投資戦略が機能するわけ」では、私たちの持続可能なアクティブ投資フレームワークの概要について説明する。戦略が長期的にうまくいくのはなぜなのか。それは「エッジがある」からである。第３章の「モメンタム投資は成長株投資ではない」では、モメンタム投資は、バリュー投資同様、ほぼ間違いなく持続可能なアノマリーであることを説明する。そして第４章の「バリュー投資家がモメンタムを必要とするわけ」では、モメンタム投資に関連する証拠について議論する。投資家は分散化投資ポートフォリオを構築するとき、最低でもモメンタム投資を含むべきである。

宗教よりも理性を

子供　ねぇ、パパ。本当にサンタさんがプレゼントを持ってきてくれたの？
父　　もちろんだとも。サンタさんはプレゼントをソリで運んできたんだ
　　　よ。
子供　だったら納得だね。だって、暖炉のそばに置いてあったクッキーと
　　　ミルクがなくなっていたから。きっとサンタさんが食べたんだね。
　　　　　　　　　　　　　── クリスマスの日の大人と子供の典型的な会話

テクニカル分析 ── 市場最古の宗教

　1600年代、オランダ人は大きな商船隊を持ち、港町アムステルダム
は世界貿易の一大拠点だった。オランダの影響力が高まるなか、1602
年、オランダ東インド会社が設立された。やがて、東インド会社は世
界初の多国籍企業となり、後続企業の上場や空売りなど、アムステル
ダム証券取引所に数々の金融革命をもたらした。

　1688年、オランダ人商人のジョセフ・デ・ラ・ベガは『コンフュー
ジオン・デ・コンフュージョネス（混乱のなかの混乱）』を著した。同
書は証券取引所と株式取引について書かれた世界最古の書籍の1冊と
言われている。彼こそが行動経済学の父だと言うリサーチャーもいる
ほどだ。過剰取引、過剰反応、過小反応、ディスポジション効果は、近
代の金融雑誌に掲載されるずっと以前に、デ・ラ・ベガによって記述
されている[1]。

　同書でデ・ラ・ベガは証券取引所の日常業務について記述し、価格
がどのように決まるかを暗に示している。

　取引所が開いている時間帯に強気筋がそうしたコーヒーショップ
に現れると、その場にいる人々は彼に株価を聞いてくる。彼はその日の株価に1～2％上乗せした株価を提示し、注文を入れているかのように見せかけるノートを作成する。そうすると、人々の株を買いたいという気持ちは高まる。これは株価がさらに上がるかもしれないという不安を増長させる（なぜなら、この時点では私たちの考えることはみんな同じで、株価が上がると、もっと上がると考え、株価がもっと上がると、市場は私たちから手の届かないところに行ってしまうと考えるからだ）[2]。

　デ・ラ・ベガがここで言っているのは、価格の上昇はさらなる上昇を生む、ということではないだろうか。ウォール街の大手銀行のマーケットメイキングデスクをやっていたグレイの大学院時代のルームメートの言葉を借りれば、「高値は買い手を引き寄せ、安値は売り手を引き寄せる」ということである（ジャレド・フリックの言葉）。
　デ・ラ・ベガはさらに続ける。

　価格の下落に限界はなく、上昇にも限界はない。……したがって、価格が極端に上昇しても警戒する必要はない。……あなたを不安から解放してくれる買い手は必ずいる。……強気筋は楽観的で、事業の状態を楽観視する。なぜならそのようにみなすことは、常に彼らに有利に働くからだ。そして、彼らは漫然とした自信に満ちあふれているため、好ましくないニュースにも影響されず、不安を感じることはない。……しかし、これは買う理由がなくなったら売るべきだ、という弱気筋の哲学に反しているように思える。哲学者は、原因がなくなったら効果もなくなると言っている。しかし、もし弱気筋がかたくなに売り続ければ、同じように売る理由が消失したあとでも効果は持続する。

　ここでデ・ラ・ベガは、値動きそのもの以外に直接的な原因がなくても、ブルは買い続け、ベアは売り続けることができることを明確に述べている。彼のこの言葉からは、17世紀のヨーロッパであっても、ファンダメンタルズとは無関係に、値動きが将来の市場価格にどのように影響を与えるかを見ることができる。

　初期のテクニカル分析はヨーロッパの株式取引のなかで進化していったが、日本ではもっと魅力的な金融的実験が行われていた。1600年代、日本の人口の大部分を占めていた農民たちは土地を耕すことを強いられ、支配階級である武士階級を支える税金を納め、その見返りとして武士階級は農地を保護した。当時、最大の作物はコメで、これは政府の収入の90％を占めていた。こうしてコメは日本経済にとって不可欠な要素となった。

　日本においてコメが果たした重要な役割は、1697年に正式な取引所が設立され、やがて世界初の先物市場と言われる堂島米市場の開設へとつながったことである。堂島米市場では蔵屋敷のネットワークが張られ、信用取引が行われ、手形交換所もあった。

　急激に発展した日本のコメ市場は豊かな金融環境を生み、そのなかで若い米商人の本間宗久（1724年〜1803年）が頭角を現してきた。本間はコメ先物の取引を始め、私的なコミュニケーションネットワークを駆使して、取引を有利に進めた。また、本間は価格履歴を使って先物価格の方向性を予測した。しかし、彼は、重要なのは市場の心理であることを見抜いていた。

　1755年、本間は『相場三昧伝』を著した。これは市場における心理の役割と、心理がコメ価格に与える影響について書かれたものである。「市場の心理的側面は取引を成功に導くうえで非常に重要なものだった」と本間は書いている。そして、「市場の心理を研究することは……価格の予測に役立つ」とも書いている。デ・ラ・ベガ同様、本間は行

動経済学を最初に実践した人物の1人だったと思われる。彼の著書は市場と投資家心理について書かれた最も古い本の1冊だった[3]。

　本間は買いと空売りの両サイドで投資した。したがって、今日のヘッジファンドの先駆者だったということになる。彼は大成功し、莫大な富を手にした。彼の成功から有名な言葉が生まれた――「本間様には及びもせぬが、せめてなりたや殿様に」。やがて彼は政府と日本初の政府系ファンドのアドバイザーになった[4]。

　地球の裏側でも金融市場は進化していた。19世紀の終わりから20世紀初頭にかけて、アメリカでは株式市場参加者が増加の一途をたどった。当時の最も有名な株式投資家の1人がジェシー・リバモアである。彼が投資を始めたのは14歳のときで、生涯のうちに何回も富を築いては破産する行為を繰り返した。

　アメリカ人作家のエドウィン・ルフェーブルはリバモアの伝記とも言える『欲望と幻想の市場 ―― 伝説の投機王リバモア』（東洋経済新報社）を書いた。同書はリバモアの人生と1900年代初期の彼の経験を綴ったものである。同書には、リバモアがテクニカルなトレードルールを使って成功したことが書かれている。また、リバモアの市場に対する哲学についても書かれている。

　　　あなたは……1つの目的を持って市場を観察する。その目的とは、市場の方向性、つまり価格の傾向をとらえることである。……市場が動きだしたあとでは、強気相場になるのか、弱気相場になるのかに惑わされることはないだろう。偏見のない心を持ち、はっきりとした見通しを持つ人にとって、市場の方向性は歴然としているのだから……（エドウィン・ルフェーブル著『欲望と幻想の市場』）

リバモアの買いと売りの意思決定についての見解を見ると、彼の投

資哲学はより一層はっきりする。これらの意思決定は、まさに現代の「モメンタム」戦略と言えるだろう。「上昇した株を買うときには最高値で買い、売るときには安値で売る以外に方法はないと彼らに言うと、経験豊富なトレーダーでも懐疑的な目で見るのは驚くばかりだ」

　投資家はまったく合理的というわけではなく、過去の価格は将来の価格は関係があるという考えは新しい考えではないことは明らかだ。歴史を通じて偉大な投資家たちが市場での心理の果たす役割と、ヒストリカルな価格が将来的な価格を予測するのに役立つ ── つまり、テクニカル分析は機能する ── ことを認識していたことは、ジョセフ・デ・ラ・ベガ、本間宗久、ジェシー・リバモアといったこれまで述べてきた投資家たちを通じてうかがい知ることができる。しかし、20世紀初期に早送りすると、投資家のなかにはテクニカル分析は投資にとって良識あるアプローチなのだろうかと疑問を抱く者もいた。企業のファンダメンタルズを分析するほうがもっと妥当なアプローチなのではないかと考える者が多勢を占めていたのである。投資家たちは、ファンダメンタルズ分析のほうが投資の意思決定に役立つことを期待して、会社の財務諸表を注意深く見直すといったファンダメンタルズ分析について研究し始めた。そして、新たな投資哲学が注目を浴びるようになった。それがバリュー投資である。バリュー投資とは、利益やキャッシュフローといったさまざまなファンダメンタルズに対して割安な株を買う戦略のことを言う。

新たな宗教の出現 ── ファンダメンタルズ分析

　ベンジャミン・グレアムは「バリュー投資の父」として知られる投資家だ。グレアムは、ファンダメンタルズ分析によって決められる本質的価値を常に下回る価格で株を買った投資家は、大きなリスク調整済みリターンを得ることができると信じていた。グレアムは『証券分

析』（パンローリング）と『**賢明なる投資家**』（パンローリング）とい
う有名な2冊の本のなかで彼のバリュー投資の枠組みについて述べて
いる。

　グレアムはテクニカル分析の信奉者はたくさんいることは知ってい
たが、彼はテクニカル分析のことを「嘘くさい魔術」と言い切ってい
る。『賢明なる投資家』の次の記述にはこのことがはっきりと言い表さ
れている。

> いわゆる「テクニカルアプローチ」の原理とは、個別の株価ある
> いは市場全体が上昇したら買い、下落したら売る、というものだ。
> これは健全なビジネスセンスとは真っ向から対立するものである。
> テクニカルアプローチでウォール街を生き残ることができるとは
> とても思えない。

　グレアムのテクニカル分析に対する初期の批判は、「ファンダメンタ
ルズ分析」教の絶対的な信者たちによって徐々に強化されていった。グ
レアムの最大の信奉者であるウォーレン・バフェットはグレアムの意
思を受け継ぎ、テクニカル分析の信奉者をたたきのめし続けた。彼の
考えをよく示しているのは次の言葉である——「チャートを逆さにし
ても、テクニカル分析ではまったく同じ解釈ができることから、それ
が機能しないものだと分かるだろう」。『ウォール街のランダム・ウォ
ーカー』の著者として有名なバートン・マルキールはテクニカル手法
を軽蔑して次のように述べている——「チャートの中心的命題はまっ
たくのデタラメだ……」（『ウォール街のランダム・ウォーカー』より）。
　ファンダメンタルズアナリストからは大きな高笑いが聞こえてきそ
うだ。彼らは自分たちのことを、テクニカル投資家たちよりも情報が
豊富で、はるかに合理的だと信じているのである。バフェットは次の
ようにも言っている——「過去の歴史がゲームの決め手なら、世界一

の金持ちは図書館司書のはずだ」。つまり、バフェットは、テクニカル分析を本物だと言うのは、よく訳も分からずにチャートをめくる軽率な図書館司書くらいなものだろう、と言っているのである。そしておそらくは、ファンダメンタルズアプローチの信者は、ユーモアとあざけりを使えば、彼らの主張をより説得力のあるものにすることができると思ったのだろう。

　もっと最近では、ヘッジファンド運営会社ボーポスト・グループのセス・クラーマンもテクニカル分析をけなしている。彼はバリュー投資について書いたカルトクラッシックな『マージン・オブ・セイフティー（Margin of Safety : Risk-Averse Value Investing Strategies for the Thoughtful Investor)』のなかで次のように述べている。

　　その証券の価格がその次に上昇すると信じているのか、下落すると信じているのかによって証券を売買する者を投機家というが、将来の値動きに対する彼らの判断は、ファンダメンタルズではなくて、他人の行動を予測することによるものだ。……他人の「行動」が良ければ買い、悪ければ売る。……投機家の多くは市場の方向性をテクニカル分析を使って予測しようとする。つまり、過去の株価の変動を見て予測しようとするということである。テクニカル分析は、根底にある企業の価値というよりも、過去の株価の変動こそが将来の株価を決める決め手になるという前提に基づくものだ。しかし、実際は市場が将来どうなるのかはだれにも分からない。したがって、市場の将来を予測しようとすることは時間のムダであり、その予測に基づいて投資することは、まさに投機であり、……投機家は……やがてはお金を失うことになる。

　つまり、クラーマンは、ファンダメンタルズこそが将来の株価を見るための唯一正当化できるシグナルだと言っているのである。値動き

は「曲がりくねって」いて無意味であり、他人の行動を予測しようとすることはムダでしかないというわけである。しかし、クラーマンはさらに続け、将来の株価を予測するいかなるシステマティックな方法をも否定する。

　　投資の公式のなかにはテクニカル分析を含むものもある。テクニカル分析は、過去の株価の動きは将来の価格を予測できるとするものである。投資の公式には、PER（株価収益率）、PBR（株価純資産倍率）、売り上げや利益成長率、配当、そのときの金利といったファンダメンタルズ指標を含むものもある。こうした公式を導き出そうと最大限の努力が行われてきたが、うまくいった試しはない。

　テクニカル分析を使って成功してきた実践家が数多く存在し、ファンダメンタルズアプローチ、つまりバリュー投資を裏付ける研究よりもテクニカル分析を裏付ける優れた学術研究が多く存在するというのに、グレアム、マルキール、バフェット、クラーマンたちがこれほどテクニカル分析に否定的なのは驚くべきことである。とはいえ、こうしたファンダメンタルズ投資家たちの考えは、バリュー投資コミュニティーや、ファンダメンタルズ実践家たちの考えを反映している。バリュー投資という宗教は今も健在なのである。

証拠に基づく投資の時代

「極端なイデオロギーは持たないほうがよい。なぜなら、それはあなたの心を崩壊させるからだ」──チャーリー・マンガー（バークシャー・ハサウェイの副会長[5]）

　データを重視する金融エコノミストであるベンジャミン・グレアムは、なぜテクニカル手法に対してワンパターンの不信感を示すのだろうか。おそらくは、テクニカル分析がファンダメンタルズ分析とは違うからではないだろうか。バリュー投資家にとって、まず重要なのはファンダメンタルズであって、価格はそのあとから騒々しく付いてくるものなのである。しかし、テクニカル投資家にとって、最も重要なのは価格であり、価格がファンダメンタルズさえも誘導すると信じている。彼らにとって、ファンダメンタルズは株価の動きを誘導するコアドライバーではない。さらに、テクニカルアナリストと呼ばれる人々がいて、彼らは一般投資家たちの大部分を占め、スキルも下等なものから卓越したものまで多岐にわたる。スキルの幅が多岐にわたるということは、平均的なテクニカルアナリストはプロフェッショナルではないし、主観的にものを言う人たちが多く、平均的なファンダメンタルズ投資家よりも教養がない傾向がある。テクニカル分析に対する批判の１つは、投資家たちはパターンなど存在しないのにパターンを探そうとする、という点である。これは人間の行動を考えると的を射た懸念ではある。

　テクニカルアナリストとファンダメンタルズアナリストを比較してみよう。ファンダメンタルズアナリストは、古くからの習慣に基づく具体的なデータ —— 財務諸表 —— を見る。例えば、正の純利益比率、豊富なフリーキャッシュフロー、低い負債水準は、財政面での健全性を見るうえでの客観的な測度とみなすことができる。さらに、ファンダメンタルズアナリストは安全分析を行うのに多くのハードワークを必要とする。つまり、ファンダメンタルズアナリストは、ビジネスから発生する将来的なキャッシュフローの現在価値を見いだそうとしているわけである。

　したがって、ファンダメンタルズアナリストはテクニカルアナリストよりも思慮深く、知的厳密性の高い仕事に従事していると言っても

よい。こういった意味では、ファンダメンタルズアナリストのほうが信用できる。ファンダメンタルズに基づいて買うことは、ウイジャーボード（霊界との交信を行う盤）で最近の価格チャートを調べるよりも理にかなっているように思える。一方、テクニカルアナリストの仕事はファンダメンタルズアナリストの仕事よりもシンプルだと思われている。なぜなら、価格履歴は限定されたシンプルなシグナルだとも言えるからだ。それに対して、ファンダメンタルズアナリストには消化して考慮しなければならない財務情報が山のようにある。

　しかし、ハードワークや高度な知識は本当に重要なのだろうか。落ち着いて考えてみると、長期アクティブ投資家のミッションは市場を打ち負かすことである。アクティブ投資家は科学的手法を使って基本的な疑問——何が機能するのか——に答えるべきである。ウォーレン・バフェットは、バリュー投資はテクニカル情報とは無関係に機能することを身をもって示した。しかし、スタンレー・ドラッケンミラー、ジョージ・ソロス、ポール・チューダー・ジョーンズもまたテクニカル分析がうまくいくことを身をもって示した。数多くの学術研究は、ファンダメンタルズ戦略（例えば、バリューやクオリティー）もテクニカル戦略（例えば、モメンタムやトレンドフォロー）も両方ともうまくいくという証拠を示している[6]。しかし、自分たちがすでに信じていることを確認しようとする独断主義の投資家の多くは、彼らの投資宗教に合った研究証拠しか受け入れようとしない。これに対して、証拠に基づく投資家は、ファンダメンタルズ戦略とテクニカル戦略は同じコインの表と裏の関係にあるため、両方とも機能すると結論づけるだろう。これら２つの戦略は親戚関係に当たる。なぜなら、これら２つの戦略の共通の目的は、バイアスのかかった意思決定に影響される市場参加者の貧弱な意思決定を利用することだからである。強い影響力を持つ未来志向の金融エコノミストであるMITのアンドリュー・ローはファンダメンタルズトレーダーとテクニカルトレーダーの議論

を観察して、次のように述べている ―― 「結局、私たち全員の目的は同じで、将来の不確実な市場価格を予測することなのである。私たちは互いから学び合うべきだ」。

「宗教よりも理性を」に賛成

　これまで述べてきた議論は氷山の一角であり、異なる投資哲学を取り巻く議論の一部を示したにすぎない。人々は特定の哲学に夢中になると、その信念はますます強固なものになる。これらの議論の勝者を決定することは不可能だが、1つだけはっきり言えることがある。それは、いったん投資戦略が選択されると、それを別の投資宗教に「転向」させることはほぼ不可能だということである。しかし、これらの議論は必ずしも議論する必要があるのだろうか。バリュー投資アプローチとモメンタム投資アプローチはなぜ互いが排他的でなければならないのだろうか。科学的手法の重要な側面は、疑う自由を失わないようにすることである。疑うことをやめてしまえば、私たちは新しいアイデアの探求をやめてしまうことになる。第2章では、一定の戦略が機能するわけを理解するための包括的なフレームワークについて見ていく。このフレームワークを「持続可能なアクティブ投資フレームワーク」と言う。このフレームワークは最良の投資戦略を見つけるのが目的ではなく、投資戦略が将来的に成功するために必要な条件を見つけるのを目的とするものである。

心配は無用 ―― 本書はモメンタムを使って銘柄選択を行うための本だから

　第1章では、テクニカル分析、ファンダメンタルズ分析、心理について議論してきた。手短に多くのトピックについて述べてきたが、モ

メンタム戦略の構築方法については述べていない。これについては次の数章で議論する。しかし、本書はモメンタムを使って銘柄選択を行うための本であることをはっきりさせておきたい。とはいえ、アクティブな投資戦略の構築方法を理解するためには、その戦略が将来的に機能するだろうと言えるのはなぜなのかを理解する必要がある。これについては第2章から第4章にかけて議論する。上級実践者の人は、第2章から第4章は飛ばして第5章に進んでも構わないが、提示するモメンタム戦略を理解し、それを使って成功したいと思うのであれば、第2章から第4章も含めて順序どおりに読んでもらいたい。また、私たちが提示する戦略は、規律を必要とするため、「だれにでも合うわけではない」ことを申し添えておきたい。しかし、もっとはっきりとした理由は、それだと計算が合わないからである。だれもが私たちの戦略に従うことができるわけではない。なぜなら、釣り合いを考えると、私たちが買うすべての株に対して、その反対側には売り手が存在するからだ。

　免責事項はさておき、銘柄選択に使われるモメンタムとは何を意味するのだろうか。これはいわゆるモメンタム戦略と混同されることが時折ある。この点をはっきりさせておきたい。モメンタムは、モメンタムを測定する方法によって2つのカテゴリーに分けられる。

1. **時系列モメンタム**　絶対モメンタムとも言う。時系列モメンタムは、ほかの株式のリターンとは独立して、その株式自身の過去のリターンに基づいて算出される[7]。

2. **クロスセクショナルモメンタム**　学術界がより専門的な言葉を考案するまでは、レラティブストレングスと呼ばれていた。クロスセクショナルモメンタムは、ユニバース内のほかの株式群に対する特定のある株式のパフォーマンスを測定したものである[8]。

　簡単な例を使ってこれら2つのモメンタムの違いを説明しよう。ユニバースは2つの銘柄——アップルとグーグル——からなると仮定しよう。12カ月前、アップルは1株25ドルで、グーグルも1株25ドルだった。今、アップルは1株100ドルで、グーグルは1株50ドルである。

　次に、簡単な時系列モメンタムのルールと簡単なクロスセクショナルモメンタムのルールを見てみよう。

　時系列ルールでは、過去12カ月にわたって正のパフォーマンスを示した株を買い、負のパフォーマンスを示した株を売る。時系列のモメンタムトレードルールではこのシナリオは次のように処理される。

●時系列モメンタム —— アップルを買い、グーグルも買う。なぜなら、どちらの銘柄も絶対モメンタムが強いから

　クロスセクショナルルールでは、過去12カ月間にわたるパフォーマンスがユニバースのほかの銘柄のパフォーマンスよりも「比較的強かったら」その銘柄を買い、ほかの銘柄よりも過去の相対パフォーマンスが低かったら売る。クロスセクショナルのモメンタムトレードルールでは、このシナリオは次のように処理される。

●クロスセクショナルモメンタム —— アップルを買って、グーグルを売る。なぜなら、アップルはグーグルよりも相対パフォーマンスが高かったから

　アップルの株価もグーグルの株価も上昇した（したがって、時系列モメンタムの観点からは、アップルもグーグルも買った）が、アップルの株価の上昇率はグーグルの株価の上昇率よりも高かった。したがって、アップルのほうがグーグルよりもクロスセクショナルモメンタムは強い（クロスセクショナルモメンタムの観点からは、アップルは

買い、グーグルは売った)。

　モメンタム戦略を構築するには両方のタイプのモメンタムを使うことができる。例えば、両方のモメンタムを考慮して、時系列ルールとクロスセクショナルルールの両方に基づいて投資することができる。前出の例を用いれば、アップルに関しては時系列ルールもクロスセクショナルルールも買えと言っているので、私たちはアップルは買うが、グーグルに関しては一方のルール（クロスセクショナルモメンタム）が売れと言っているのでグーグルのポジションは建てない[9]。

　前述のように、銘柄選択戦略を開発するのにはいろいろなタイプのモメンタムを使うことができる。時系列モメンタムとクロスセクショナルモメンタムは、マーケットタイミングやアセットクラス選択の文脈で使われることが多い。しかし、本書はマーケットタイミングやアセットクラス選択についての本ではない。本書は、個々の銘柄選択の文脈では異なるタイプのモメンタムがどのように役立つのかを理解することを目的とするものだ。本書は、銘柄選択についての本であって、アセットアロケーションについての本ではないことをかさねがさね申し添えておきたい。

まとめ

　本章では、長年にわたって続いているテクニカル投資家とファンダメンタルズ投資家の間の論争についてのあらましを紹介した。読者は両方の教義についてはよく知っているはずだ。各陣営には熱狂的信者が存在する。テクニカル投資戦略とファンダメンタルズ投資戦略との間の議論は、多くの場合、議論というよりも怒鳴り合いだ。私たちは怒鳴ることはやめて、研究に励みたいと思う。次の第2章では持続可能なアクティブ投資フレームワークについて説明する。このフレーム

ワークは、教義とは無関係に、なぜ機能する戦略と機能しない戦略が存在するのかを理解するのに役立つはずだ。このレンズを通して、検証可能な仮説を立てて、建設的な議論をしていくことにしよう。このフレームワークはけっして完璧なものではないが、議論の状況説明ができるように最善を尽くすつもりだ。正直に言って、アクティブ投資の使命はどの投資哲学が最も良いのかを議論することではない。そんなことを気にする人などいない。私たちはただ長期にわたって市場を打ち負かしたいだけなのだ。繰り返しになるが、私たちの推奨する銘柄選択モメンタム戦略の詳細を学びたいと思っている上級実践者は、第2章から第4章は飛ばして、第5章に進んでもらっても構わない。

アクティブ投資戦略が機能するわけ

「私にとって最悪なことは、みんなと同じになるということ」——
アーノルド・シュワルツェネッガー

　アクティブ投資とパッシブ投資をめぐる議論は、フィラデルフィア・イーグルス対ダラス・カウボーイズやコーク対ペプシといった古典的な対立と同じ種類の論争だ。要するに、１つのスタイルに対する好みが決まれば、それは心のなかではもう覆すことのできない現実になるということである。心理学の研究に「確証バイアス」というものがあるが、これは仮説や信念を検証する際にそれを支持する情報ばかりを集め、反証する情報を無視し、または集めようとしない傾向のことを言う。

　これからの議論はパッシブ投資家をアクティブ投資家に転向させることを意図するものではない。なぜ私たちは一定のアクティブ投資アプローチが長期的にほかの投資戦略を打ち負かすと信じているのかについて説明していく。一言で言えば、本間宗久やジェシー・リバモアやベンジャミン・グレアムはまったく異なる投資哲学を持ちながら、なぜこれら３人のアクティブ投資家たちは成功したのかということである。おそらくは運が良かったということもあるのだろうが、それ以上の要素もあったに違いない。

　彼らのアプローチの根底にある重要なテーマは、非合理的な投資家たちの振る舞いを利用するということである。しかし、振る舞いを理解することが聖杯というのであれば、なぜ心理学者は株式市場を席巻

していないのだろうか。あるいは、本間やリバモアやグレアムはほかの人よりも賢かっただけなのだろうか。IQの高い投資家でも市場をコントロールできないので、これも正しい答えとは言えない。最も有名なケースは、近代物理学を切り開いたアイザック・ニュートン卿だろう。偉大な物理学者にして数学者だったニュートンは、18世紀初頭、投機ブーム（南海泡沫事件）に乗って大損をしたと言われている。

　これまでのところ、アクティブ投資家が市場をどのようにして打ち負かしたのかを説明する「特効薬」はないように思える。賢明であること、行動バイアスを理解していること、頭の良い博士を大量に集めてデータをガリガリやらせるのは、バトルの半分が終わったにすぎない。これらのツールをもってしても、アクティブ投資家はサメのたくさん入ったタンクのなかの1匹のサメにすぎない。すべてのサメは賢くて、企業の分析方法を知っているし、金融チャートの読み方も理解している。サメの群がる海のなかでエッジを維持することは至難の業であり、一握りの投資家たちにしかできないことである。では、回答は？　まだはっきりとしたことは言えない。私たちは常に学習過程にある。アクティブ投資家の持続可能な成功を促す要素は2つある、というのがこの状況を最もよく説明できる仮説だ。

● 人間心理をよく理解している
● 「スマートマネー」のインセンティブを完璧に理解している

危険な場所に踏み入る

　グレイは2002年、シカゴ大学のファイナンス博士課程に進んだ。それは痛みを伴いながらも、非常に啓発的な先端ファイナンスの世界への旅の始まりだった。シカゴ大学ファイナンス学部は言わずと知れた効率的市場仮説（EMH）のメッカである。この学部の博士課程の学生

たちは最初の2年は、高度な数学と統計学を含む過酷な大学院レベルの金融コースを学ぶ。そして、残りの2年から4年は、論文のための研究に没頭する。この状況を表現するとするならば、労働搾取工場と国際的な数学コンペティションの合体というのが最良の表現方法だろう。つまり、このプログラムは非常にタフなのだ。

　知的な水責めに2年間耐え抜いたあと、グレイには休養が必要だった。彼はちょっと変わった「研究休暇」を取り、アメリカ海兵隊に4年間入隊した。かいつまんで言えば、彼はもうそんなに若くないから、今のうちに奉公したかったのだ。2008年、博士課程に戻り、論文を書き終えた。海兵隊での経験を通じて彼は多くのことを学んだ。最大の教訓は、「大胆に行動せよ」[1]だった。シカゴ大学でやれる最も大胆な行動とは？

　効率的市場仮説に疑問を投じる研究に集中的に取り組め、だった。

非効率的市場仮説の異端児 —— バリュー投資家

　グレイはファンダメンタルズ投資家、つまり「バリュー」投資家は市場を打ち負かすことができるのかどうかを見極めたかった。彼は10年以上にわたって、敬虔な信者のように、バリュー投資戦略に従ってきた。彼はベンジャミン・グレアムのファンダメンタルズ主導のバリュー投資教の敬虔な信者だった（当時の彼は依然としてテクニカルトレードのことを異端信仰と思っていた）。アクティブなバリュー投資は市場を打ち負かすことができるというストーリーは説得力はあったものの、学術サークルにおける議論や、一流の学術雑誌で発表される研究結果は逆のことを語っていた。

　「バリュー投資」に関する議論は、引用されることの多いユージン・ファーマとケン・フレンチの論文「The Cross-Section of Expected Stock Returns」[2]によって再び活発化した。いわゆるバリュープレミ

アム（割安株と割高株のヒストリカルリターンの差）は、超過リスク
によるものなのか、あるいはミスプライシングによるものなのかとい
う議論が、この論文によって口火が切られたのである。バリュー株の
超過リターンは、株主が負担する追加的経済的リスクに対するリワー
ドなのか、あるいはこれらの株はただ単にミスプライスされただけな
のか。ユージン・ファーマとケン・フレンチにとっては答えは明らか
だった――バリュープレミアムは、市場が効率的ならば、超過リスク
によるものである。バリュープレミアムが超過リスクによるものであ
るという議論は、ベンジャミン・グレアムの熱狂的ファンのグレイに
とっては信じ難いものだった。グレアムとその信奉者であるウォーレ
ン・バフェットは、割安株を買うことで長期にわたって市場を打ち負
かせてきたことで有名だった。広大な市場を意味する「ミスターマー
ケット」は深い心理的な問題を抱えた躁鬱病患者のようなもの、とい
うのが彼らの主張だった。つまり、ミスターマーケットはファンダメ
ンタルズの価値を下回る株価を提供する（例えば、2008年の金融危機）
こともあれば、ファンダメンタルズの価値を上回る株価を提供する（例
えば、1990年代終わりのITバブル）こともあるということである。そ
して、もしバリュー投資家が安い株を買えば、最終的には報われるこ
とになる。しかし、バリュー投資家が買った株のリターンが高かった
のは、ミスターマーケットを出し抜いたからではなく、彼らが高いリ
スクを取って、ラッキーだったから、ということはあり得るだろうか。
グレイは丹念な調査を始めた。

　グレイはまず、トップのファンドエキスパート、アセットマネジャ
ー、バリュー投資ファンたちがジョエル・グリーンブラットのウェブ
サイト（https://valueinvestorsclub.com/）に投稿したおよそ4000の推
奨銘柄のデータを収集することから始めた。このクラブは単なるクラ
ブではない。このクラブのメンバーは質によってふるいにかけられ、厳
選された人しかメンバーになれず、マーケットアイデアにかけては最

高のウェブサイトの1つとみなされていた。メンバーはバリュー投資界の大物ばかりだった。

　1年間の苦労の末、グレイは徹底した分析が行えるようにメンバーすべての推奨銘柄をデータベースにまとめた。結果は有無を言わせぬものだった。これら「バリュー投資家の代表」とも言える人物たちは素晴らしい銘柄選択スキルを持っていることが証明されたのである。

　新たな発見を人々と共有したいという思いに駆られ、グレイは論文を書いた。その論文の要約の最後の文は次のとおりである。

**　バイ・アンド・ホールドの超過リターンと暦時間ポートフォリオ回帰を分析した結果、バリュー投資家は銘柄選択スキルを持っているという結論に達した。**

　グレイは論文の原稿をアドバイザーであるユージン・ファーマに送った。ユージン・ファーマは当時、「近代ファイナンスの父」と呼ばれ、効率的市場仮説の提唱者としても知られていた。また、2013年にはノーベル経済学賞を受賞した。ファーマは効率的市場仮説の強力な —— おそらくは最も強力な —— 支持者だった。ファーマはグレイの研究論文をじきじきに査読したので、彼の原稿は徹底的に精査された。グレイがファーマから受け取った返事は理想的とは言い難いものだった。

「君の結論は間違っている……」

　グレイは理由を知りたくて、ファーマのオフィスに駆けつけた。1年間の血と汗と涙がムダになることだけは嫌だった。確かな証拠を示したと思ったのに……。ファーマがただ単に独断的なだけなのだろうか。グレイはなぜファーマが賛同してくれないのか知りたかった。血のにじむ思いをして、博士号が取れないなんて……彼は世界一の金融

エコノミストに理由を聞いた。ファーマは、データと分析は完璧だが、バリュー投資家が銘柄選択スキルを持っていると結論づけることはできない、と答えた。常に詳細にこだわるファーマは、要約の最後の文に1つの言葉を付け足せばふさわしいものになったのに、と言った。その言葉とは「The sample」（サンプル）だった。つまり、「バリュー投資家は銘柄選択スキルを持っている」とする代わりに、「バリュー投資家のサンプル（一部）は銘柄選択スキルを持っている」とすべきだったということである[3]。

　グレイは椅子に深く腰掛けて、ため息をついて、子供のころに母親に言われたことを思い出した —— 大事なのは言葉よ。当然のことながら、ファーマは正しかった。グレイの結論は、すべてのバリュー投資家が銘柄選択スキルを持っているように聞こえるが、正しくは、彼が調査していた一部のバリュー投資家のみが銘柄スキルを持っているとすべきだったのだ。小さな違いかもしれないが、非常に重要な違いである。これで危機は回避された。

　グレイは翌年に修了した。ファーマにとってはどうかは分からないが、少なくとも彼にとっては、市場は完全に効率的ではなく、バリュー投資家はエッジを持っている、というのが彼の研究の結論だった。大学院を出たあと、ドレクセル大学でファイナンスの教授の職を得て、ジャック・ボーゲルに出会った。彼は当時、ファイナンスの博士課程の学生だった。ボーゲルは論文を発表しようとしていた。それは、バリュー株の超過リターンはミスプライシングによるもので、追加リスクによるものではないという内容だった。

　口やかましい数々の質問が殺到した —— 一定の投資家に「エッジ」を与えるものは何なのか。どういった特性がアルファを生みだすのか。1人のアクティブ投資家（勝者）は、なぜほかの投資家（敗者）からシステマティックにお金を奪うことができるのか。

行動経済学に足を踏み入れる

「行動経済学は2つの基本的要素からなる —— 1つは裁定の限界……そして、もう1つは心理学である」——ニック・バーベリスとリチャード・ターラー[4]

　グレイは何千という銘柄選択の提案書を調べてみた。すると、1つの重要なことが明らかになった。それは、これらのアナリストは優秀だということだった。彼らはスキルを持っており、賢明で、統計学的にアウトパフォームする説得力のある事例を示していた。しかし、ボーゲルが論文のために行った研究によれば、コンピューターを駆使して強いファンダメンタルズを持つ割安株を買うことは、グレイが論文のために調査したファンダメンタルズ株を選ぶ人と同程度のパフォーマンスを示していた。つまり、バリュー株は、人間が選んでも、コンピューターが選んでも、市場を打ち負かす、ということである。でも、それはなぜなのか。

　前にも述べたように、市場にいる多くの人は賢明で、有能だ——しかし、知性だけでは超過リターンを生みだすことはできない。バリュー投資家は、なぜ安く買って高く売ることができたのだろうか。効率的市場仮説はなぜ彼らを止めることができなかったのだろうか。

　ジョン・メイナード・ケインズは、20世紀初期の革新的な経済学者だった。彼はまたプロの投資家としての経験も長かった。彼なら答えてくれたかもしれない。彼は金融市場の鋭い観察者で、投資家としても成功した。しかし、こんなケインズでも投資家としてもがき苦しんだ。レバレッジのかかった通貨の投機で、破綻しかけたこともある（これがなければ、投資家として大成功していただろう）。破綻寸前にまで追い込まれたことで、彼は偉大な投資格言にたどり着いた[5]。

市場は、投資家が我慢できないほど、長い間不合理な動きをすることがある。

ケインズのこの格言は、効率的市場仮説が考慮しない現実世界における市場の2つの重要な要素を浮き彫りにする。投資家は非合理的になりうるということ、そして、市場のミスプライシング（裁定）を利用しようとする試みはリスクを伴うということである。ケインズの言葉を学術的用語に置き換えると次のようになる。まず、「……投資家が我慢できないほど長い間」は、裁定はリスクを伴うことを言っており、学術研究者の言う「裁定の限界」である。次に、「市場は不合理な動きをすることがある」は、投資家心理を述べており、これはプロの心理学者によって研究されてきた分野である。これら2つの要素（「裁定の限界」と「投資家心理」）は、いわゆる行動経済学の基礎になった（**図2.1**を参照）。

裁定の限界

効率的市場仮説とは、価格はファンダメンタルズの価値を反映していることを言ったものだ。なぜなのか。賢明な投資家は貪欲で、市場におけるいかなるミスプライシングも手っ取り早く利益を得る機会となる。論理的には、価格のひずみは「スマートマネー」によってただちに是正されるため、一時的なものである。現実世界では、真の裁定機会 —— コスト差し引き後の利益を無リスクで得ることができる —— は、仮にあったとしても、ごくまれにしか存在しない。ほとんどの「裁定」は、実際には、理論的なプライシングモデルでは存在しない何らかの形のコストを含むリスク裁定である。オレンジ市場でミスプライシング機会を利用する簡単な例を見てみよう。基本的な前提は以下のとおりである。

図2.1　行動経済学の２つの柱

●フロリダのオレンジは１個１ドルで売られている
●カリフォルニアのオレンジは１個２ドルで売られている
●オレンジのファンダメンタルズの価値は１ドルである

　効率的市場仮説によれば、アービトラージャーはフロリダでオレンジを買い、カリフォルニアのオレンジ価格がファンダメンタルズの価値である１ドルになるまで、カリフォルニアでオレンジを売る。上記のような取引を裁定と言う。しかし、この裁定を行うには明らかにコストがかかる。例えば、オレンジをフロリダからカリフォルニアに運送するのに１ドルのコストがかかるとしたらどうなるだろう。オレンジのファンダメンタルズの価値が１ドルというのは明らかに正しくないが、運送費が足かせになって、裁定に限界が生じるため、フリーランチは存在しない。したがって、アービトラージャーはこの機会を利用しないだろう（このケースの場合、「フリクショナル」コスト［運送費］がかかるため）。

投資家心理

　「ニュース速報」——人間は100％合理的だとは限らない。シートベ

ルトをしないで運転したことがある人、あるいは目覚まし時計のスヌーズボタンを押したことがある人は、これはよく分かるはずだ。一流の心理学者の文献は反対派を圧倒する。ノーベル賞を受賞した心理学者で、ニューヨーク・タイムズ紙のベストセラー『ファスト＆スロー』（早川書房）の著者でもあるダニエル・カーネマンは同書で、人間はシステム1とシステム2という2つの思考モードを持つと言う。システム1は「素早く考え、ジャングルで生き抜く」思考だ。毒蛇から逃げるとき、たとえあとでそれが棒切れだと分かっても、そのときに使う思考モードはシステム1である。システム2は分析的で用意周到な思考モードで、遅いけれども合理的だ。ローンを借り換えるときのコストとメリットを比較するときの思考モードがシステム2である。

　システム1はジャングルで生き抜くための思考モードで、システム2は長期的なメリットのために合理的な意思決定を行うときの思考モードである。いずれの思考にも役割がある。しかし、時には一方のシステムがもう一方のシステムの縄張りに力ずくで割り込んでくることもある。システム1がシステム2の意思決定をし始めると、大きな問題が発生する。次のようなシナリオには聞き覚えがあるのではないだろうか。

● 「あのダイヤのブレスレットはとてもきれいだった」→「買わなければ」
● 「ディナーコースにはデザートが付いている」→「だったら、ディナーコースにしなければ」
● 「住宅価格は下がりそうにない」→「だったら、買わなければ」

　残念ながら、システム1は効率的だが欠点がある ―― 私たちをジャングルで生き残らせてくれるものは、必ずしも金融市場で生き残らせてくれるものにはならないのである。

　それでは、非合理的な投資家（システム１のタイプ）と、上で議論した裁定の限界、つまりマーケットフリクション（市場の摩擦）を組み合わせてみよう。今、賢明な投資家が何らかの理由で、システム２タイプの思考を利用できない状況にあるとする。投資家の劣った振る舞いと、賢明な人々が出くわすフリクションを組み合わせると、特異な状況にある投資家に対して投資機会が生みだされる。

　例えば、「ノイズトレーダー」という概念を考えてみよう。ノイズトレーダーとは、ファンダメンタルズを無視して「直感」でトレードする典型的なシステム１のタイプのデイトレーダーのことを言う。こうした非合理的なノイズトレーダーは価格をファンダメンタルズから乖離させてしまう可能性があるが、これらのトレーダーは非合理的なので、アービトラージャーはこうした非合理的なトレーダーのタイミングや期間をつかむことができない。「市場は、投資家が我慢できないほど、長い間、不合理な動きをすることがある」という考えに立ち戻ると、アービトラージャーがノイズトレーダーを利用しようとするとリスクが発生する。ノイズトレーダーは今は非合理的だが、明日はもっと非合理的になるだろうか。ブラッド・デロング、アンドレ・シュライファー、ラリー・サマーズ、ロバート・ウォルドマンはこの現象を「Noise Trader Risk in Financial Markets」[6]のなかで述べている。以下はこの論文の要旨からの抜粋である。

　　ノイズトレーダーの予測不可能性によってアセット価格にリスクが発生する。このリスクによって、合理的なアービトラージャーは彼らの逆サイドでアグレッシブに賭けることができなくなる。その結果、価格は、ファンダメンタルズリスクがなくても、ファンダメンタルズの価値から大きく乖離する可能性がある……。

　これを英語に翻訳すると次のようになる――「デイトレーダーは価

格に混乱を生じさせる。彼らは間抜けだが、その間抜けの度合いが分からないため、彼らの戦略のタイミングを把握することはできない。したがって、賢明な人々の大部分は彼らを利用することすらできない」。その結果、価格は動くべき範囲を超えて大きく動く。なぜなら、だれも間抜けを止めることはできないからだ。これはあまりにもリスクが大きすぎる。さらに、価格はさらに大きく動くため、リターンは大きくなり、したがって運の良い間抜けは、自分たちは市場のタイミングを計る天才だと考えてしまうかもしれない。これが、さらに多くの間抜けに、もっと間抜けなことをしようというインセンティブを与えてしまう。劣った振る舞いとマーケットフリクションの組み合わせこそが、行動経済学なのである。**「行動バイアス」＋「マーケットフリクション」＝アセットのミスプライシング。**

　行動経済学のこの基本的定義はシンプルに思えるかもしれないが、行動経済学を巡る議論はいまだに続いている。一方の片隅では、効率的市場の聖職者は、行動経済学は異端だと主張する。道を見失い、「真実」から逸脱した経済学者のためのものであると。彼らは、価格は常にファンダメンタルズの価値を反映していると考えている。効率的市場仮説陣営のなかには、アクティブマネジャーは市場を打ち負かすことができないことを指摘し、その結果、価格は常に効率的であると間違った結論を出す者もいる。もう一方の片隅では、「行動バイアス」を利用する実践家は、行動バイアスを持つ投資家を利用することができるので、彼らにはエッジがあると主張する。しかし、こういった主張をする実践家のパフォーマンスはひどいものだ[7]。

　一体、この食い違いはどこから生まれたのだろうか。

　どちらの陣営も、ミスプライシング機会と裁定の限界を同時に評価していない。ここに食い違いの原因がある。効率的市場仮説の信奉者は、実践家は市場に負けることが多いことを正しく認識しているが、裁定の限界——価格はファンダメンタルズから乖離することがあるが、

アクティブマネジャーにとっては依然として利益にならない――というものを考慮していない。実践家はミスプライシング機会のことは認識しているが、裁定の限界というものを無視している。これによって、ミスプライシング機会はコストの高いものになり、それを利用して利益を得ることはできない。つまり、行動経済学がみんなの疑問を解くカギを握っているのである。市場価格が非効率的なのはなぜなのか、そしてアクティブマネジャーのほとんどが市場を打ち負かすことができないのはなぜなのかを説明してくれるのが行動経済学なのである[8]。

良い投資は良いポーカーのようなもの――正しいテーブルを選べ

　行動経済学は、成功するアクティブ投資家になるためのフレームワークを暗に示している。

1．行動バイアスによって価格がファンダメンタルズから乖離している市場状態を見つける（例えば、市場機会を見つける）。
2．最も賢明な市場参加者の行動やインセンティブを突き止め、彼らの裁定コストを理解する。
3．大部分のアービトラージャーにとっては、ミスプライシングが大きく、裁定コストも高くつくが、裁定コストの安いアクティブ投資家にとってはコストが安い状況を見つける。

　上記の状況は、ポーカープレーヤーが勝てるポーカーゲームを見つけようとしているのと同じである。ポーカーの場合、正しいテーブルを選ぶことが成功の決め手となる。

1．そのテーブルにおける魚を知る（機会は大きい）。

２．そのテーブルにおけるサメを知る（機会は小さい）。

３．魚が多くてサメの少ないテーブルを探す。

　ポーカーの類推に従って、私たちがアクティブ投資家として問うべき疑問を示したものが**図2.2**である。

１．そのテーブルで最悪のプレーヤーはだれか。

２．そのテーブルで最良のプレーヤーはだれか。

　長期的に成功するには、アクティブ投資家は劣った投資家によって創造される市場機会を見つけることに長けている必要があるが、抜け目のない市場参加者は、ほかの投資家裁定コストが高すぎるために行動できない、あるいは行動する気がない状況を見つけるスキルも持っていなければならない。

最悪のポーカープレーヤーを知る

　人間はだれでも行動バイアスを持っており、これらのバイアスはストレスのかかった状況では増幅される。結局、私たちは人間にすぎないのだ。

　金融の戦場で投資の意思決定に影響を及ぼすバイアスは以下のとおりである。

●自信過剰（「私はこれまで正しかった……」）

●楽観主義（「市場は必ず上昇する」）

●自己帰属バイアス（「私は株価は上昇すると予測した……」）

●授かり効果（「私はこのマネジャーと25年間一緒にやってきた。だから、彼は優れているはずだ」）

図2.2　市場における機会を見つける

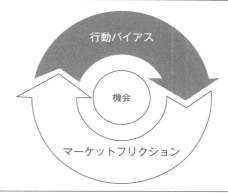

● アンカリング効果（市場は昨年は50%上昇した。だから今年は45%から55%上昇するだろう」）
● 利用可能性ヒューリスティック（「前の四半期の結果は最悪だった。この株はパフォーマンスが最悪だ」）
● フレーミング効果（「君は約束した配当を支払う確率が99%の債券のほうが好きか、それともデフォルトの確率が1%の債券が好きか？これは同じ債券）

　心理学の研究は明確だ。人間は正しい意思決定を行うことはできない。特に、強要されているときはそうである。しかし、劣った投資家を見つけることができたとしても、それは利用できる市場機会が存在することを必ずしも示唆するわけではない。前にも議論したように、賢明な投資家のなかには、私たちが機会に気づく前に、ミスプライシングの内情に通じた人も必ずいるはずだ。彼らはただちにその機会を利

用して、私たちがバイアスを持った市場参加者によって発生するミスプライシングを利用して利益を得ることを阻止しようとするだろう。私たちは競争は避けたい。しかし、競争を避けるには、競争を理解する必要がある。

最良のポーカープレーヤーを知る

　金融市場で最良のポーカープレーヤーに該当する人とは、巨額のお金を運用している投資家たちだ。こうした市場参加者には、花形マネジャーを要するヘッジファンドや巨大なファンドポートフォリオを運営する強力な機関投資家たちが含まれる。これらの投資家たちが扱う資金は巨額だ。この種の競争相手を打ち負かすのはほぼ不可能である。しかし、ありがたいことに、ゴリアテ（巨人）を倒す方法は力だけではない。トッププレーヤーの多くはひねくれた経済的インセンティブによって身動きが取れないため、私たちはこうした巨人たちの裏をかくことができる。

　こうした抜け目のないプレーヤーたちのインセンティブについて議論する前に、裁定の概念を抑えておこう。裁定とは教科書の定義によれば、同じ証券のミスプライシングを利用して、コストのかからない投資で無リスクの利益を生みだすことを言う（オレンジの例を参照のこと）。しかし、実際には、裁定にはコストもかかり、リスクもある。そして、こうした理由によって、裁定の効果には限界がある。裁定の限界を示す証拠はたくさんある。例えば、以下のようなものが挙げられる。

　ファンダメンタルズリスク　アービトラージャーは、無リスク裁定を可能にする完全な代替証券を持たない証券のミスプライシングを見つける。しかし、悪いニュースがヘッジに使った代替証券に

影響を与えれば、アービトラージャーは予測しなかった損失を被ることもある。この例がフォードとGMだ。似たような銘柄だが、同じ会社ではない。

ノイズトレーダーリスク　アービトラージャーがいったんポジションを取ったら、ノイズトレーダーは価格をファンダメンタルズの価値から乖離させることもあり、アービトラージャーはさらなる資金を投資せざるを得なくなることもある。そういった資金が調達できなければ、ポジションを早々に清算せざるを得ない。

実行コスト　空売りは裁定プロセスでよく使われるが、「貸株料」によってコストが高くつく。株券の借り入れコストが潜在的利益を上回ることさえある。例えば、貸株料が10％で、期待裁定利益が９％だったら、ミスプライシングから利益を得ることはできない。

これら３つのマーケットフリクションは重要だ。マーケットフリクションはほかにもたくさんあるが、大部分のスマートプレーヤーたちにとっての最大リスクは、長期期待パフォーマンスとキャリアリスクとの間で妥協しなければならないことである。順番に説明しよう。裁定プロセスにおける欠点は、短期パフォーマンス査定にさらされる賢明なファンドマネジャーに強いられる限界である。トラッキングエラー（ポートフォリオのリターンとベンチマークのリターンとの乖離）によるプレッシャーを考えてみるとよい。例えば、10万人の消防士の年金を運用する仕事をしているプロの投資家がいたとしよう。彼らは用いる戦略を次の投資戦略から選択することができる。

●**戦略A**　25年にわたって市場を年間１％アウトパフォームすることを（何らかの魔法の力によって）彼らが知っている戦略。しかし、この戦略は、ある年では株価指数を１％以上アンダーパフォームすることはないことも知っている。

●**戦略Ｂ**　次の25年にわたって市場を年間平均で５％アウトパフォー
ムすることを（再び、何らかの魔法の力によって）彼らが知ってい
る裁定戦略。問題は、市場を年間５％アンダーパフォームする期間
が５年あることも彼らが知っていることだ。

　この投資のプロはどちらの戦略を選ぶだろうか。もし彼らが10万人
の消防士に雇われているのなら、消防士にとっては最適とは言えない
が、どちらを選択するかは明らかだ。彼らは戦略Ａを選び、解雇され
るのを回避するだろう。

　なぜ戦略Ａを選ぶのだろうか。この戦略は戦略Ｂに比べると、長期
戦略としては良くない。投資マネジャーのインセンティブは複雑だ。ファ
ンドマネジャーは資産の所有者ではなく、資産を持っている人に代
わって運用する人たちだ。つまり、雇われマネジャーなのである。彼
らは時として、現職にとどまれる確率が上がるような意思決定をする
が、その意思決定は必ずしも投資家のリスク調整済みリターンを最大
化するような意思決定ではないこともある。こうしたマネジャーにと
っては相対パフォーマンスがすべてであり、トラッキングエラーほど
危険なものはない。戦略Ｂのトラッキングエラーは消化できないほど
痛ましいものだ。10万人の消防士はアンダーパフォームの５年間の間、
キーキーと金切り声を上げるだろう。そして、マネジャーは５年後に
ファンドのパフォーマンスが回復しても、それを見ることはない。し
かし、戦略Ａを選べば、そのマネジャーはキャリアリスクを避けるこ
とができ、消防士の年金は長期的な下落を被ることもない。

　長期的に見れば、ミスプライシング機会は１マイルの幅を持つ。ト
ラックを走らせることができるほど広い。しかし、このエージェンシ
ー問題――資本の所有者が短期的にアービトラージャーの能力に疑い
を持ち、資金を引き揚げてしまう――によって、賢明なマネジャーは
ボラティリティの高い長期的なミスプライシング機会を利用すること

ができなくなってしまう。

　短期的なトラッキングエラーの脅威は非常に現実的だ。よく引き合いに出されるケン・ヘエブナーのCGMフォーカスファンド[9]の例を見てみよう。ウォール・ストリート・ジャーナルの記事は、ケンのファンドのパフォーマンスについて次のように報じている。

> 「ケン・ヘエブナーの運用資産37億ドルのCGMフォーカスファンドは年間18％を上回る上昇を見せ、２位を３パーセントポイント以上も引き離した」

　ウォール・ストリート・ジャーナルはケンのファンドの投資家のパフォーマンスについて追加的事実を報じた。

> 「実際にはこうした利益を堪能した投資家はいなかった。CGMフォーカスの平均的な株主は11月30日に終了する10年間で、年間11％の損失を被った……」

　ケンのファンドは年に18％の複利リターンを達成したが、ファンドの投資家は年に11％の損失を被った。これは、投資家がケンのファンドに効果的に出入りするタイミングを計ることができなかったことを示している[10]。ケンのファンドが市場をアンダーパフォームしているとき、そして、機会が高かったとき、投資家は資金を引き揚げ、ファンドがアウトパフォームしているとき、そして、機会が低かったとき、彼らはより多くの資産を投資した。ケンは天才のように見えるが、ケンの能力から利益を得た投資家はほとんどいなかった。つまり、双方にとって不利な状況だったというわけである。

　ケン・ヘエブナーの経験は、アセットマネジャーにとっての利害の対立問題を浮き彫りにする。この問題は、1997年にジャーナル・オブ・

図2.3　1999〜2009年までのCGMフォーカスファンドのパフォーマンス

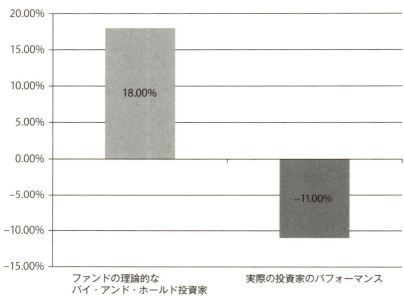

ファイナンス（35〜55ページ）に掲載されたアンドレ・シュライファーとロバート・ビッシュニーの論文「The Limits of Arbitrage」[11]が詳しい。ケン・ヘエブナーの経験とシュライファーとビッシュニーの洞察の要点は次のとおりである。「賢明なマネジャーとは、投資家が短期パフォーマンスを重視している時期には、長期的な視点からの投資は避ける」

　こんなマネジャーを責めることができるだろうか。アセットマネジャーのキャリアが１カ月、１年、あるいは５年の相対パフォーマンスに依存しているとするならば、彼らは長期的なリスク調整済み期待リターンよりも、短期的な相対パフォーマンスのことを気にするはずだ。マネジャーが彼らの仕事を積極的に守ろうとしても、あるいは顧客が

目先の利益のことばかりを気にしても、結果は同じである。ファンドの投資家は負け、価格は常に効率的というわけではない。

アクティブ運用を長期的に成功させるためのカギ

「賢い人たちはたくさんいる……だから、勝つのは容易なことではない」—— チャーリー・マンガー（バークシャー・ハサウェイの副会長[12]）

　市場の要素のいくつかについてはこれまでにも議論してきた。第一に、下手な投資の意思決定をする投資家がいる。第二に、インセンティブによって真の市場機会を利用することができないマネジャーがいる。これらの要素を持続可能な長期パフォーマンスの簡単な式に当てはめてみた（**図2.4**）。

　長期的パフォーマンスの式は2つのコアとなる要素からなる。

●持続可能なアルファ
●持続可能な投資家

　持続可能なアルファとは、市場における行動バイアスによって生みだされるミスプライシングをシステマティックに利用するアクティブな銘柄選択プロセスのことを言う（つまり、最悪のポーカープレーヤーを見つけること）。この「エッジ」が持続可能であるためには、長期的に裁定を行うことはできない。通常、持続可能なエッジは、長期的な視点を持ち、短期的な相対パフォーマンスとは無関係な戦略によって生みだされる。そして、これらの要素は長期パフォーマンスの式の2番目の要素である持続可能な投資家につながる。持続可能な投資家は、短期的にアンダーパフォームしても、それに惑わされることはな

図2.4　長期パフォーマンスの公式

い。もし彼らが短期パフォーマンスに惑わされれば、そういった持続可能ではない投資家は、彼らが資産を一任しているアセットマネジャーの裁定コストを大幅に引き上げ、そのためそのマネジャーはミスプライシング機会を利用することができなくなってしまう。

　長期パフォーマンスの公式によれば、長期的視点を必要とする（つまり、持続可能な投資家を必要とする）確立されたエッジ（持続可能なアルファ）を持つプロセスを見つけることができれば、このプロセスは長期的に市場を打ち負かすことができる有望な長期戦略になるだろう。

理論から実践へ

　この議論は成功するアクティブ投資の知的フレームワークについての話であって、バリュー投資が成長株投資（グロース投資）よりも優れているかどうかや、高頻度トレードがポークベリー先物の投資よりも優れているかどうかといった話ではない。持続可能なパフォーマンスを決定するための基本的要素は実にシンプルだ。

●劣ったプレーヤーを利用することができる持続可能なアルファプロセスを見つける
●優れたプレーヤーの限界を理解する
●優れたプロセスと持続可能な資産を組み合わせて機会を利用する

　この議論にちょっとばかり肉付けをするために、この構造が「バリュー投資対成長株投資」議論でどういうふうに機能するのかについての例を示そう。バリュー投資対成長株投資の議論は読者にとってはもうお馴染みだろう。話を簡単にするために、そして学術研究の慣行に合わせるために、「バリュー投資」は、ファンダメンタルズ（例えば、BMR［簿価時価比率］）よりも低価格の銘柄で構成されたポートフォリオを買うことと定義する。「成長株投資」はこれとは逆で、ファンダメンタルズが急速に成長することを期待して、ファンダメンタルズよりも高い価格の銘柄を買うことと定義する。ケン・フレンチのデータ[13]を使って、1927年1月1日から2014年12月31日までの、バリュー株ポートフォリオ（高いBMR十分位数の時価加重リターンを持つ銘柄で構成されたポートフォリオ）、成長株ポートフォリオ（低いBMR十分位数の時価加重リターンを持つ銘柄で構成されたポートフォリオ）、およびS&P500トータルリターン指数のリターンを調べてみることにしよう。「時価加重」とは、各銘柄はポートフォリオのなかでその会社の規模（時価総額）に基づいて重みづけされることを意味する。結果は表2.1に示したとおりである。リターンはすべてトータルリターンで、配当を再投資するものとする。また、結果は手数料込みの数値である。

　表を見れば結果は明白だ。1927年から2014年までのバリュー株は成長株を大幅にアウトパフォームしている。バリュー株ポートフォリオの年平均成長率（CAGR）は12.41％だが、成長株ポートフォリオはわずか8.70％で、その差はおよそ4％である。ヒストリカルリターンのこの差はこれまでに何回も観察されているが、この差のことを学術用語で「バリューアノマリー」と言う。もちろん、この差がなぜこれほど大きいのかについては学術界でも議論されている（例えば、前にも述べたように、バリュー投資のリターンが高いのはリスクが高いからなのか、それともミスプライシングによるものなのか）。この議論をよ

表2.1　バリュー投資対成長株投資（1927〜2014年）

	バリューポート フォリオ	成長株ポート フォリオ	S&P500
年平均成長率	12.41%	8.70%	9.95%
標準偏差	31.92%	19.95%	19.09%
ダウンサイドリスク	21.34%	14.41%	14.22%
シャープレシオ	0.41	0.35	0.41
ソルティノレシオ （最小受容リターン＝5％）	0.54	0.37	0.45
最大ドローダウン	-91.67%	-85.01%	-84.59%
最悪の月のリターン	-43.98%	-30.65%	-28.73%
最良の月のリターン	98.65%	42.16%	41.65%
利益の出た月の割合	60.51%	59.09%	61.74%

くとらえているのは、2008年に行われたユージン・ファーマとのインタビューである。インタビューのなかでファーマはアンドレ・シュライファーとワインを飲みながら個人的な見解について語っている[14]。シュライファーはバリュープレミアムはミスプライシングによるものであると信じているのに対して、ファーマは高いリスクによるものであると信じていることを、ファーマは強調している。要するに、偉大な人物でも意見が食い違うことがあるということだが、長期的にはバリュー株が成長株を大幅にアウトパフォームしたという実証的事実を否定できる者はだれもいないということである。

事実はそろった。次のステップは劣ったプレーヤーを見つけること

　データはバリュー投資が成長株投資よりもリターンが高いことを明確に示している。しかし、将来的にもバリュー投資は成長株投資を打ち負かすことができるのだろうか。これを理解するには、持続可能なアクティブ投資のプリズムを通してみることで、リターンのこの差は

リスクによるもの（効率的市場による説明）なのか、ミスプライシングによるもの（行動経済学による説明）なのかを見極める必要がある。ミスプライシングによるものであることを正当化するためには、バリュー株と成長株を買うときに、システマティックに劣った意思決定をする市場参加者がいるのかどうかを調べる必要がある。

　ラコニショック、シュライファー、ビシュニー（彼らを総称してLSVと呼ぶ）は、「Contrarian Investment, Extrapolation, and Risk」という論文[15]のなかでこの問題について分析している。論文のなかで、LSVは、投資家は代表性バイアスに陥っているという仮説を立てている。つまり、投資家は過去の成長率を単純に将来にも当てはめているということである。図2.5は、1997年のデチャウとスローアン著「Returns to Contrarian Investment Strategies : Tests of Naive Expectations Hypothesis」と題した論文[16]からの更新データを使って、LSVの論文の概念をまとめたものだ。図2.5のグラフでは、横軸は左から右へと株式を高い（BMRが低い）ものから安い（BMRが高い）ものの順にまとめて分類しており、縦軸は過去5年の収益成長率を示している。10番目の群に入った株式は最も安く、過去5年の成長率は－1％である。

　割高・割安と過去の収益成長率はほぼ線形の関係にあることが分かる。安い株は過去5年の収益成長率は低く、高い株は過去5年の収益成長率は高い。特に驚くにはあたらないが、データがこの線形関係にぴったりと当てはまっているのは興味深い。

　図2.5は、過去の収益成長率は将来的にも続くという一般的な市場予測を強調するものである。成長株が高いのは、市場参加者が過去の成長率は将来的にも続くと信じているからである。でなければ、これらの株に大金を支払うだろうか。一方、バリュー株は安いが、それには理由がある。市場は過去の成長率の低さが将来的にも続くと信じているからである。

　でも、本当にそうなのだろうか。安い株は将来的にも収益成長率は

図2.5　投資家は過去の成長率を将来に当てはめる

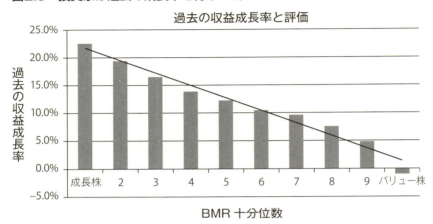

過去の収益成長率と評価

BMR 十分位数

低く、高い株は将来的にも収益成長率は高いのだろうか。これは検証によって確認することができる。成長株は平均的に速い速度で成長するのだろうか。それとも、市場予測にシステマティックな過ちがあるのだろうか。

　図2.6は次の5年間における収益成長率を示したものだ。バリュー株は依然として予想どおりのひどい収益成長率だったのだろうか。成長株は依然として素晴らしい収益成長率だったのだろうか。

　ノーである。このチャートは、システマティックに下手なポーカープレーヤーが存在することを示すものだ。実現した収益成長率（黒い棒線）は、ユニバース全体で、システマティックに平均成長率に回帰している。バリュー株は収益成長予測をシステマティックに上回り、成長株は予測をシステマティックに下回っている。少しだけ時間を取ってこの奥の深い観察を調べてみることにしよう。

　予測とこれほど乖離するとは意外だったが、これは安い「バリュー」株にとっては有利で、高い「成長」株にとっては不利な値動きであっ

図2.6　実現した成長率はシステマティックに平均に回帰する

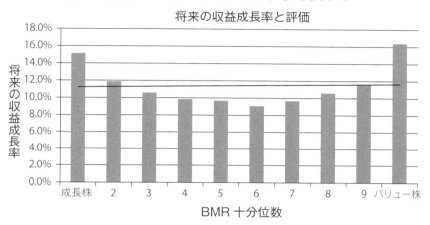

将来の収益成長率と評価

BMR 十分位数

たと考えてもよいだろう。割高株に投資した投資家はアンダーパフォームし、割安株に投資した投資家はアウトパフォームし、パッシブな投資家はその中間だったのはなぜかは、この乖離によって少なくとも部分的には説明がつく。

　まとめると、市場は平均的に見て、バリュー株を陥れ、成長株に対しては大騒ぎする、ということになる。ポーカーゲームの観点から言えば、成長株を買い、バリュー株を売ることは、システマティックに劣った戦略の一例だ。前のラウンドにおける素晴らしい手は、次のラウンドでも勝てる手になると想定することは、負けるアプローチなのである。しかし、最良のポーカープレーヤーはこのバリューアノマリーの状況に対してどう対処しているのだろうか。そして、最良のポーカープレーヤーは、最悪のポーカープレーヤーを利用することはできるのだろうか。

次のステップ——最良のプレーヤーのアクションを突き止めよ

　私たちが世界で最も賢明な投資家になろうとしても不可能だ。例え
ば、ジョージ・ソロス、ジュリアン・ロバートソン、レオン・クーパ
ーマン、ポール・チューダー・ジョーンズは私たちよりも常に賢いの
だから。でも、投資テーブルで最良のプレーヤーになろうとしなけれ
ば、こうした有能な投資家たちにとても太刀打ちすることなどできな
いだろう。私たちが彼らに勝つには、彼らが参加したがらないような
市場機会を見つけるしかない。しかし、賢明な投資家は、例えばバリ
ュー投資といった簡単な方法に、なぜ参加したがらないのだろうか。

　前にも述べたように、賢明な投資家はさまざまな投資家グループ（ジ
ョージ・ソロス、ジュリアン・ロバートソン、ポール・チューダー・
ジョーンズだけでなく、ブラックロック、フィデリティなどの大手機
関投資家を含む）から巨額のお金の運用を任せられている。投資家た
ちは賢明な人々に彼らのお金を任せたいと思っているので、これには
納得がいく。問題は、賢明な投資家は行動バイアスを抱えた投資家（シ
ステム１の投資家を含む）に代わってお金を運用することが多いとい
うことである。シュライファーやビシュニーやケン・ヘエブナーの例
を見ると、賢明な市場参加者の多くは、彼らの投資家に期待されてい
る短期パフォーマンスによって身動きが取れなくなるということがよ
く分かる。「今四半期はベンチマークに対してどんなパフォーマンスだ
ったのか。過去１年間のパフォーマンスはどうだったのか。今月はど
んなマクロ経済トレンドを利用しているのか」と投資家は聞いてくる。
これは市場ではよくある質問だ。賢明な投資家たちには、解雇され、バ
ンガードファンドのパッシブポートフォリオに取って代わられるとい
う脅威が常にあるのである。雇用の安定確保と顧客の期待が長期的な
価値の創造に勝ると、おかしなことが起こる。

　マーカス・ブルネルマイヤーとステファン・ナーゲルの論文「Hedge
Funds and the Technology Bubble」[17]は、他人のお金を運用する最も

賢明な投資家が直面するゆがんだインセンティブについて書かれたものだ。効率的な価格形成について書かれたテキストブックの教えに反して、スマートマネーはミスプライシングを強化するように動機づけられることがあるのだ。ブルネルマイヤーとナーゲルは、ヘッジファンドマネジャーの多くは、1990年代後半に発生したITバブルではバリュー株と成長株の間のミスプライシングを利用しようとしなかったことを指摘している。彼らは成長株を買って、バリュー株を売った。これによって、彼らは株価指数により密に連動することができた、少なくとも当面は。これに対して、バリュー投資を続けた悲惨なヘッジファンド――例えば、タイガーファンドのジュリアン・ロバートソン――は、資金がすべて引き上げられ、ビジネスモデルは崩壊した。

　しかし、1994年から1999年にかけて一文無しになった有名なバリュー投資家はジュリアン・ロバートソンだけではなかった。この時期、バロンズはウォーレン・バフェットの相対パフォーマンスについて次のように述べている[18]。

「ウォーレン・バフェットは魔法の触手を失ったのかもしれない」

　バロンズの見解は多くの点で支持された。1990年後半、バリュー投資家は市場に打ち砕かれた。一般的なバリュー投資は6年にわたって株価指数を大幅に下回ったのである（**図2.7**を参照）。

　バリュー投資家であり続けるには、忍耐力と、多くの投資家が持ち合わせていない信念が必要なのは明らかだ。理論的にはバリュー投資は簡単だ。安い株を長くバイ・アンド・ホールドするだけでよいのだから。しかし、実際には真のバリュー投資はほとんど不可能なのである。

　ケン・フレンチのデータを使って、1990年代後半にバリュー投資家であることがいかに苦痛を伴うものだったかを検証してみた。私たち

図2.7　バリュー投資は市場をアンダーパフォームすることもある

は1994年1月1日から1999年12月31日までのバリューポートフォリオ
（高いBMR十分位数、時価加重ポートフォリオのリターン）、成長株
ポートフォリオ（低いBMR十分位数、時価加重ポートフォリオのリ
ターン）、S&P500トータルリターン指数（S&P500）、ラッセル2000ト
ータルリターン指数（R2K。小型株指数）を調べてみた。結果は**表2.2**
に示したとおりである。リターンはすべてトータルリターンで、配当
の再投資を含む。また、リターンは手数料込みの数値である。

　バリューポートフォリオのリターンは絶対ベースでは悪くはないが、
相対ベースではひどいものだった。年次リターン（**表2.3**）を見ると、
バリュー投資はほぼ毎年パッシブ投資さえ下回っている。

　ごく普通の指数ファンド（S&P500）でも6年のうち5年でバリュー
ポートフォリオを上回っている。時には桁違いのときもある。バリュ
ーマネジャーが体験したことをシミュレートするには、次の質問を問
うてみるとよい。

表2.2　市場をアンダーパフォームしたバリュー投資（1994～1999年）

	バリュー株	成長株	S&P500	ラッセル2000
年平均成長率	18.35%	27.71%	23.84%	13.39%
標準偏差	11.79%	16.53%	13.63%	16.96%
ダウンサイドリスク	7.59%	11.25%	10.50%	14.27%
シャープレシオ	1.09	1.28	1.30	0.55
ソルティノレシオ （最小受容リターン＝5％）	1.66	1.87	1.67	0.64
最大ドローダウン	-11.58%	-16.33%	-15.18%	-29.78%
最悪の月のリターン	-8.62%	-14.92%	-14.31%	-19.42%
最良の月のリターン	8.05%	10.69%	8.04%	11.32%
利益の出た月の割合	68.06%	70.83%	73.61%	66.67%

表2.3　年次リターン

	バリュー株	成長株	S&P500	ラッセル2000
1994	-2.83%	2.53%	1.35%	-1.82%
1995	36.47%	35.47%	37.64%	28.45%
1996	14.22%	23.20%	23.23%	16.49%
1997	32.52%	31.15%	33.60%	22.36%
1998	29.75%	44.23%	29.32%	-2.55%
1999	5.45%	33.90%	21.35%	21.26%

　あなたのアセットマネジャーが6年のうち5年間、ベンチマークをアンダーパフォームしたら ── 時には桁違いでアンダーパフォームしたら、あなたは彼らを解雇しますか。

　99.9％の投資家は、きっぱり「イエス！」と答えるだろう（6年間も試行期間を与えるなんて、そもそも問題外）。ベンチマークをこれほどアンダーパフォームすれば、すべてとは言わないまでも、ほとんどのプロのアセットマネジャーは解雇されるだろう。アセットマネジャ

表2.4　統計量のまとめ（2000〜2014年）

	バリュー株	成長株	S&P500	ラッセル2000
年平均成長率	9.12%	2.75%	4.45%	7.38%
標準偏差	24.05%	16.90%	15.22%	20.42%
ダウンサイドリスク	17.73%	12.50%	11.42%	13.77%
シャープレシオ	0.41	0.14	0.24	0.36
ソルティノレシオ（最小受容リターン＝5％）	0.37	-0.07	0.05	0.31
最大ドローダウン	-64.47%	-58.21%	-50.21%	-52.89%
最悪の月のリターン	-28.07%	-16.13%	-16.70%	-20.80%
最良の月のリターン	36.64%	11.21%	10.93%	16.51%
利益の出た月の割合	58.89%	56.67%	60.56%	58.89%

ーはこのことを本能的に知っている。だから、彼らは短期的に間抜け
に見えるバリュー投資を避けることで、結果を出そうとするのである。
　バリュー投資の6年間の苦悩を見直すと、2つのことが明らかにな
る。

1．長期投資家にとって、6年間にも及ぶ苦痛は本当は良いことだ。な
　　ぜ？　それは、パフォーマンスよりもキャリアリスクを重視する
　　最良のポーカープレーヤーとの競争を避けることができるからだ。
　　弱者は競争から振り落とされるのである。
2．持続可能なアクティブ投資は特別な投資家を必要とする。投資家
　　は、規律を守り、長期的視点に立ち、短期的な相対パフォーマン
　　スのことは気にしないことが必要だ。こうした独特の投資家のこ
　　とを「持続可能な投資家」と言う（**図2.4**を参照）。

　現実はしばらく忘れて、アクティブなバリューマネジャーの顧客が、
1999年に資金を引き揚げなかったとしよう。彼らの仮説的なリターン

表2.5　統計量のまとめ（1994〜2014年）

	バリュー株	成長株	S&P500	ラッセル2000
年平均成長率	11.68%	9.33%	9.65%	9.06%
標準偏差	21.27%	17.00%	14.92%	19.48%
ダウンサイドリスク	16.23%	12.25%	11.19%	13.97%
シャープレシオ	0.50	0.45	0.51	0.41
ソルティノレシオ（最小受容リターン＝5％）	0.51	0.44	0.48	0.40
最大ドローダウン	-64.47%	-58.21%	-50.21%	-52.89%
最悪の月のリターン	-28.07%	-16.13%	-16.70%	-20.80%
最良の月のリターン	36.64%	11.21%	10.93%	16.51%
利益の出た月の割合	61.51%	60.71%	64.29%	61.11%

は長期的にはどうなるだろうか。**表2.4**を見ると分かるように、バリュー投資はすぐに持ち直し、それ以降はほかのポートフォリオをアウトパフォームしている。**表2.4**は、6年間のアンダーパフォームに続く15年間（2000年1月1日〜2014年12月31日）の同じポートフォリオのリターンを示したものだ。

　2000年から2014年にかけてバリュー戦略を続ければ、多少の痛みは伴うものの、年間およそ5％、ベンチマーク（S&P500）をアウトパフォームしている。

　1994年から2014年までの20年間を見ると、忍耐力があり規律を守った投資家が報われていることが分かる。**表2.5**は1994年1月1日から2014年12月31日までの全期間にわたる結果を示したものだ。

　結果的には、長期投資家にとって、バリュー投資は成長株投資に比べると最適な選択だったということである。しかし、ジュリアン・ロバートソンを含む世界中の最も賢明なアセットマネジャーにとっては、バリュー投資はビジネスモデルとして相応しいものではなかった。こうしたプロたちは投資家の資金の引き揚げという脅威によって、ITバ

ブル期に高すぎる成長株でポートフォリオを形成して悪化させてしまったのである。彼らは何としても市場に連動する必要があった。だから、みんながやっていることをやって市場に連動した。これによってクビになることは避けられたが、投資家の成功機会を最大化することはできなかった。投資家のなかには長期的視点に立って、規律を守った人がいたにもかかわらず。

すべてをつなぎ合わせる

持続可能なアクティブ投資のフレームワークが長期的に勝つ戦略をどうしたら見つけることができるのかを調べるために、私たちはバリュー投資と成長株投資を使って検証を行った。バリュー投資はこのパラダイムにしっくりとフィットするが、ひどいアンダーパフォームが続くことがあるという深刻な問題がある。バリュー投資からの教訓は、成功するアクティブ投資は単純だが、簡単ではないということである。アクティブ投資が簡単なら、だれもがそれをやるだろう。そして、だれもがそれをやれば、長期的に大きなリスク調整済みリターンを生みだすことはおそらくはできないだろう。

まとめると、**図2.4**の長期パフォーマンスの公式は、持続可能なパフォーマンスを得るためには、2つの要素が必要ということになる。

1. 持続可能なプロセスは、システマティックな投資家の予測エラーを利用する。
2. 持続可能な投資家は、長期的視点に立ち、人と違ったことをやろうという意思がある。

これらパズルの2つのピースは、ポーカーの2つの教訓に相当する。

１．そのテーブルの最悪のポーカープレーヤーを見つける。
２．そのテーブルの最良のポーカープレーヤーを見つける。

　そして、これら２つの教訓は、行動経済学の２つの柱に相当する。

１．行動バイアスを理解し、投資家がどのように予想を立てるかを理解する。
２．マーケットフリクションを理解し、これが市場参加者に及ぼす影響を理解する。

　次に市場参加者のだれかが、ある戦略は別の戦略よりも良いと言っているのを聞いたら、次の質問をしてみよう ―― ①このプロセスで選んだ証券はなぜミスプライスされるのか、②ほかの賢明な投資家はなぜミスプライシング機会を利用していないのか。この両方の質問にはっきりと答えることができなければ、その投資プロセスは持続可能ではないということである。

成長株投資はお粗末なのに、なぜそれをするか

　前のセクションでは、バリュー株は成長株をアウトパフォームすることについて述べ、成長株のバイ・アンド・ホールドは相対的に劣った賭けであることを示した。しかしいまだに、ファンドスタイル分類の多くは投資ユニバースをバリュー株と成長株とに分けたがる。市場には依然としてバリュー株と成長株という２つの考え方がはびこっている。株式ユニバースを９つの領域に分割したものが図2.8である。横軸はスタイルを表し、縦軸はサイズを表している。
　図2.8（あるいはこれに類似したもの）は米国の大手投資会社のほとんどが使っている。しかし、成長株が投資として最適でないのなら、

図2.8　バリュー・成長チャート

スタイル

	バリュー	組み合わせ	成長株
大			
中			
小			

（サイズ）

なぜ成長株をポートフォリオに含めることを提案するフレームワークを使わなければならないのだろうか。一つには、成長株は相対リターンは悪いが、ポートフォリオにある程度の分散化を提供してくれるという事実がある。成長株の分散化効果を調べたものが**表2.6**である。期間は1990年代後半（**表2.2**の期間と同じ）で、バリュー株が成長株をアンダーパフォームしていた時期である。私たちは、1994年から1999年にかけて、半分をバリュー株に投資し、半分を成長株に投資した毎月リバランスするポートフォリオのパフォーマンスを調べてみた。

　1990年代のこの時期は、コンボ投資家（バリュー株と成長株の両方に投資した投資家）は、純粋なバリュー投資家よりもキャリアを伸ばした。コンボ投資家のパフォーマンスは純粋な成長株ポートフォリオのパフォーマンスほどは良くなかったが、株価指数のパフォーマンスに近く、解雇される確率は減少した。**表2.7**の年次リターンを見るとこれがよく分かるはずだ。

　1999年には確実に失業に追い込まれた純粋なバリューポートフォリオとは違って、コンボポートフォリオは市場を下回ってはいるが、何とか解雇を免れるということになっただろう。もちろん私たちはこのストーリーの結末は知っている。1994年から1999年にかけて、成長株戦略とバリュー株戦略を組み合わせることで大きなメリットが得られた。それは、分散化である。コンボポートフォリオは純粋なバリュー

表2.6　バリュー株と成長株を組み合わせることでボラティリティは低下
する（1994〜1999年）

	バリュー株	成長株	バリュー株50%、成長株50%	S&P500
年平均成長率	18.35%	27.71%	23.19%	23.84%
標準偏差	11.79%	16.53%	12.86%	13.63%
ダウンサイドリスク	7.59%	11.25%	9.49%	10.50%
シャープレシオ	1.09	1.28	1.32	1.30
ソルティノレシオ（最小受容リターン＝5％）	1.66	1.87	1.78	1.67
最大ドローダウン	-11.58%	-16.33%	-13.93%	-15.18%
最悪の月のリターン	-8.62%	-14.92%	-11.77%	-14.31%
最良の月のリターン	8.05%	10.69%	7.97%	8.04%
利益の出た月の割合	68.06%	70.83%	70.83%	73.61%

表2.7　コンボパフォーマンスの年次リターン

	バリュー株	成長株	バリュー株50%、成長株50%	S&P500
1994	-2.83%	2.53%	-0.09%	1.35%
1995	36.47%	35.47%	36.07%	37.64%
1996	14.22%	23.20%	18.77%	23.23%
1997	32.52%	31.15%	32.08%	33.60%
1998	29.75%	44.23%	37.15%	29.32%
1999	5.45%	33.90%	19.37%	21.35%

株戦略に比べると痛みを軽減することができた。

　同様に、**表2.8**を見ると分かるように、コンボポートフォリオは、
1994年から1999年までとは違って、1994年から2014年のもっと長期の
期間においては、投資マネジャーによく貢献し、S&P500ベンチマーク
よりも高いリスク調整済みリターンを達成している。1994年から2014
年までの期間においては、コンボポートフォリオは純粋な成長株アプ

表2.8　バリュー株と成長株を組み合わせることでボラティリティは低下
する（1994〜2014年）

	バリュー株	成長株	バリュー株 50%、成長 株 50%	S&P500
年平均成長率	11.68%	9.33%	10.86%	9.65%
標準偏差	21.27%	17.00%	17.42%	14.92%
ダウンサイドリスク	16.23%	12.25%	12.87%	11.19%
シャープレシオ	0.50	0.45	0.53	0.51
ソルティノレシオ （最小受容リターン＝5％）	0.51	0.44	0.53	0.48
最大ドローダウン	-64.47%	-58.21%	-56.63%	-50.21%
最悪の月のリターン	-28.07%	-16.13%	-22.10%	-16.70%
最良の月のリターン	36.64%	11.21%	23.28%	10.93%
利益の出た月の割合	61.51%	60.71%	62.30%	64.29%

ローチに比べると痛みを軽減することができた。

　アクティブマネジャーにとってのそのほかのメリットは、ITバブル
の間、職にとどまることができたことである。もちろんこのアプロー
チにはデメリットもある。それは、成長株戦略を含んだために絶対リ
ターンが下がったことである。成長株戦略を含んだために、アクティ
ブなバリュー戦略のパフォーマンスが希薄化されたわけである。

しかし、もっと良い分散化ファクターはないのか

　あらましはこれまで述べてきたとおりだが、投資家やプロのファン
ドマネジャーは成長株をポートフォリオに含めることで——特に、1994
年から2014年においては——メリットを得ることができた。なぜなら、
バリュー株と成長株は比較的相関が低く、ベンチマークからそれほど
乖離することなくボラティリティの比較的低いポートフォリオを構築
することができたからである。しかし、成長株を含めることで、ポー

トフォリオの分散化効果はあるものの、ポートフォリオの期待リターンが低下するというコストを伴うことになる。成長株投資は持続可能なアクティブ戦略ではないのである。むしろそれとは逆で、持続的に劣った戦略なのである。しかし、投資家は何をすべきだろうか。理想的には、成長株ポートフォリオによって分散化効果はとらえることができるが、その分散化効果は、持続可能なアクティブフレームワークに沿った特徴を持つ、アクティブな銘柄選択手法によって達成しなければならない。

　幸いにもこの問題には解決法の候補はある。それが、モメンタム投資である。1990年代初期、ナラシムハン・ジェガディーシュとシェリダン・ティトマンは論文「Returns to Buying Winners and Selling Losers : Implications for Market Efficiency」[19]のなかで、モメンタム――過去のリターンは将来のリターンを予測できるとする戦略――という古い概念に再び注目し始めた。つまり、過去に比較的パフォーマンスの良かった株式は、将来的にも比較的良いパフォーマンスを維持し続けることができるということである。研究者たちはその後も研究を続け、企業規模とバリューファクターを調整してもモメンタム効果は持続することを見いだした。しかも、その効果は200年のサンプル期間[20]にわたっても続き、コモディティ、通貨、債券[21]といった複数のアセットクラスにわたって持続する。さらに、研究者は、モメンタム投資はバリュー投資と比較的無相関なので、分散化効果が得られることも見いだした。一言でいえば、モメンタムは至る所に存在し、成長株投資と同じような分散化効果を生みだすということである。

　モメンタム投資戦略は、学術文献ではその効果が証明されているが、市場で多く見られる成長株ファンドに比べると、アクティブ運用ファンドではあまり使われない。ほとんどの人は「モメンタム」と聞くと、モメンタム投資＝成長株投資と考えるのが普通だ。しかし、この考えは間違っている。モメンタム投資と成長株投資は、時には関係がある

図2.9　新しいスタイルボックスパラダイム

スタイル

	バリュー	組み合わせ	モメンタム
大			
中			
小			

サイズ

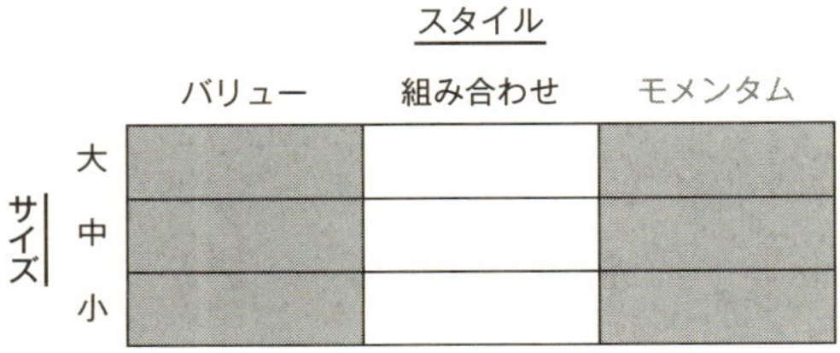

こともあるが、同じではない。さらに、私たちは、モメンタム投資は成長株投資とは違って、持続可能なアクティブフレームワークにフィットし、持続可能な戦略であるバリュー投資と同様、優れた分散化ファクターになると思っている。次の第3章では、価格だけを重視するモメンタム投資が、なぜファンダメンタルズと価格の両方を重視する成長株投資に代わる優れた戦略になるのかについて見ていく。私たちのミッションは、「成長株投資」を「モメンタム投資」で置き換えた新たなスタイルボックスパラダイムへ（**図2.9を参照**）の移行が証拠によって裏付けられることを読者に分かってもらうことである。

まとめ

　アクティブ戦略の持続可能性を評価するために、持続可能なアクティブフレームワークのあらましについて見てきた。ある戦略は機能するのに、ある戦略は機能しない。これはなぜなのかについて考えた。そして、バリュー投資対成長株投資の議論についても再考察したが、この議論を持続可能なアクティブフレームワークというレンズを通して考えてみた。バリュー投資がうまくいくのは、ベンジャミン・グレアムがうまくいくと言ったからではなくて、①それが質の劣った予測に関連する市場のミスプライシングをシステマティックにとらえること

ができる、②ミスプライシングを利用するのは難しい――からである。

　成長株の長期にわたるヒストリカルなアンダーパフォームを考えると、なぜ投資家は成長株に投資するのだろうかという疑問についても考えた。この疑問を説くカギは、ITバブルという特殊な期間にあった。ITバブルでは、成長株投資がバリュー投資をアウトパフォームし、成長株投資をしていればプロの投資マネジャーたちは職を失わずにすんだのである。また、成長株投資の利点（分散化）とコスト（長期的な悪いパフォーマンス）についても議論した。そして、成長株ポートフォリオをモメンタム株ポートフォリオで置き換えることを提案して本章を終えた。私たちが願うことは、モメンタム株投資がバリュー株投資に重点をおいたポートフォリオに成長株ポートフォリオと同じような分散化効果を生みだし、しかも、ポートフォリオの長期的な期待パフォーマンスを低下させないことである。次の第3章では、モメンタム投資について見ていく。モメンタム投資は成長株投資とどう違うのか、そしてなぜモメンタム投資は成長株投資よりもバリュー株投資のより良い補完戦略になるのかについて説明する。

モメンタム投資は
成長株投資ではない

**「株を買う世界でもっともバカげた理由は、株価が上昇しているか
らというものだ」**──ウォーレン・バフェット[1]

　モメンタムとは、過去のクロスセクションでの相対リターンの継続
を意味する。つまり、過去の勝者は将来の勝者になり、過去の敗者は
将来の敗者になる傾向があるということである。実践家はこの戦略を
レラティブストレングス戦略と呼ぶ。レラティブストレングス戦略は
これまで市場に長く存在してきた。ロバート・レビーは1967年に
「Relative Strength as a Criterion for Investment Selection」というタ
イトルの論文を発表した[2]。この論文のなかでレビーは次のように結論
づけている。「過去のパフォーマンスが最強の株式を買うことで得られ
る利益は、ランダムに選んだ株式を買うことで得られる利益よりも優
れている」。しかし、不思議なことに、レラティブストレングス戦略に
関する研究はレビーのあと行われていない。何が起こったのだろうか。
原因は、効率的市場仮説（EMH）の台頭だった。

効率的市場マフィアがレラティブストレングスを殺
した

　第2章で述べたように、効率的市場仮説は1960年代および1970年代
にシカゴ大学で発展を遂げ、その後、学界で爆発的に支持された。セ
ミストロング型の効率的市場では、すべての公開情報がアセット価格

に反映されているため、投資家はリスク調整後のランダムに選択された証券バスケットを上回るパフォーマンスを上げることはできない。また、効率的市場仮説の信奉者であるバートン・マルキールは1973年に書いた『ウォール街のランダム・ウォーカー』（日本経済新聞社）のなかで、「目隠しをしたサルに新聞の相場欄めがけてダーツを投げさせ、それで選んだ銘柄でポートフォリオを組んでも、専門家が注意深く選んだポートフォリオとさほど変わらない運用成果を上げられる」と述べている。したがって、効率的市場仮説の観点から言えば、レラティブストレングス戦略のパフォーマンスに関するレビーの話はあり得ないということになる。

　レビー（論文を発表した当時、民間企業で働いていた）のような実践家の意見は、効率的市場仮説を最重視する学界の狂信的信奉者によってかき消されたような感がある。実践家たちは基本的に一流の学術金融雑誌で論文を発表することはできず、効率的市場仮説に逆らうような研究をしている学術研究者は新興の効率的市場仮説神殿から追放された[3]。それからの25年間、ファイナンス分野の学術界は暗黒時代に入り、レラティブストレングス戦略の議論は事実上タブー視された。今や効率的市場仮説のチアリーダーたちの独壇場だった。

　しかし、象牙の塔では万事がうまくいっているわけではなかった。1970年代の文献では効率的市場仮説と一致しないアノマリーが出現し始めた。例えば、前にも述べたように、ベンジャミン・グレアムは、安い株式バスケットの購入は市場をアウトパフォームする傾向があることを示していたし、学術研究者たちはバリュー効果を正式に調査し始めた。バリュー投資やそのほかのいわゆるアノマリーに関連する証拠が次々と出始め、効率的市場仮説の鎧には欠陥があるかもしれないことが示唆された。しかし、効率的市場仮説信奉者たちの自信がゆらぐことはなかった。効率的市場仮説支持者たちが栄光に浴していたときとほぼ同時期、ダニエル・カーネマンはエイモス・トベルスキーとと

もに、人間のバイアスがファイナンスの意思決定にどう影響を及ぼすかについて研究を始めた。そして、カーネマンとトベルスキーは、投資家の行動バイアスとファイナンス分野の学術文献で示されていたアノマリーの多くは関連性があることを突き止めたのである。

打撃から立ち直った「モメンタム」

レビーの1967年の論文が再び日の目を見たのは、ナラシムハン・ジェガディーシュとシェリダン・ティットマンが1993年に書いたパイオニア的論文「Returns to Buying Winners and Selling Losers : Implications for Market Efficiency」のなかでだった。この論文は基本的には1967年のレビーの分析を再現したものだったが、より多くのデータが集まり、計算能力も向上し、効率的市場仮説に疑問を投じる研究結果を発表したいと感じていた人々の意見を代弁する意欲に満ちたものだった。今や、効率的市場仮説の鎧に入った亀裂はますます大きくなりつつあった。

興味深いのは、ジェガディーシュとティットマンの論文は近代の銘柄選択モメンタム戦略についての論文と見る者が多かったが、論文のなかでは「モメンタム」という言葉が一度も使われていなかったことだ。モメンタムという言葉が使われ始めたのは、マーク・カーハート（シカゴ大学）がジャーナル・オブ・ファイナンス誌に論文を発表したあとからではないかと推測する。この論文のなかで、カーハートはモメンタムファクターというものを考案している。これはジェガディーシュとティットマンの論文に書かれている銘柄選択戦略のレラティブストレングスのことである[4]。カーハートが論文を発表した直後から、モメンタムという言葉は古くからあるレラティブストレングス戦略の新たな学術用語として定着した。これ以降、研究者たちはモメンタム戦略に関する論文をせきを切ったように発表し始めた。アノマリーに関す

る証拠は強力なもので、効率的市場仮説理論の最初の提唱者である当のユージン・ファーマでさえ、アノマリーのことを「トップ」を冠して「トップアノマリー」と言い出す始末だった[5]。

　意外だったのは、近代の学術研究者が銘柄選択モメンタムに再び注目し始めるなか、実践者の多くはタイムワープから抜け出せなかったことである。この後退行動の原因は、実践者の教育体系に関係があると思われる。大学ではポートフォリオ管理の道へと進むMBA（経営学修士）は依然としてポートフォリオ数学を教えられていたため、彼らはアセットアロケーション問題を解くことができた。銘柄選択教育は時間のムダでしかなかった。なぜなら、それは効率的市場仮説の厳密な解釈の下では敗者のゲームにほかならなかったからである。もちろんMBAのなかにも「反逆者」はいた。ネブラスカ州オマハの友好的な投資ヒーローであるウォーレン・バフェットの成功によって世に広まったバリューアノマリーを彼らは追究し続けた。しかし、ベンジャミン・グレアムやウォーレン・バフェットのようなヒーローを擁するバリュー投資とは違って、モメンタム投資の世界に英雄はいなかった。さらに悪いことに、バリュー投資の世界のヒーローたちは、話がモメンタム投資に及ぶと、皮肉にも効率的市場仮説の学術研究者たちに賛同した。自分たちのバリュー投資アプローチは完全に合理的なものだが、モメンタム投資は黒魔術、一種のブードゥーのようなもので、こんなものをやるのは愚か者か異端者しかいないと言うのである。しかし、モメンタム投資はバリュー投資よりもはるかに良いアノマリーであることを示唆する証拠を突き付けられた彼らは、ぐうの音も出なかった[6]。

　効率的市場の素晴らしさを示す大量の学術論文によって、効率的市場仮説は長年にわたって栄光を享受してきた。価格は一般に効率的であることを示す効率的市場仮説は多くの点で議論に勝利してきたが、モメンタム投資に関する証拠が効率的市場仮説派を意気消沈させたのは、

ほかならぬこの価格の効率性だった。バリューアノマリーは、投資家が知性を駆使し、掘り下げた分析を行い、隣の投資家よりも財務諸表をよく理解できれば市場を打ち負かすことができるというものだが、モメンタムアノマリーはまったく別のことを言っていた──「価格モメンタムはファンダメンタルズとは無関係だ。だから間抜けな者でも相対的な価格パフォーマンスのみを重視する成功する戦略を追求することができるだろう。なぜなら、このシンプルな統計量は将来の価格変化に対する説明力を持つ」。この発見は最もウィークフォームな効率的市場仮説とも対立した。ヒューストン、問題発生だ！（アポロ13号がタンクの爆発事故で地球帰還が難しくなった際にアポロ13号の飛行士がヒューストンのNASAに対して送った「トラブル発生」のメッセージ）

行動経済学の理論家がモメンタムを説明する

　学術研究者たちのおかげで金融経済学の分野は前進し、行動経済学のパラダイムは不死鳥のごとく効率的市場仮説による打撃から立ち直った。この新しいパラダイムは基本的な仮説は効率的市場仮説と同じだが、価格がなぜ効率的水準から乖離するのかを説明するために、投資家の合理性と摩擦のない市場に関する仮説を緩和した。このフレームワークは第2章で述べた持続可能なアクティブ投資の概念の基礎となった。

　筋金入りのバリュー投資家は、バリュー投資の本やバリュー投資家からの引用句を見ると分かるように、モメンタム投資に対してまた別の不安を抱えている。理由のはっきりしない、宗教的な熱狂にも似た不安。例えば、ウォーレン・バフェットは次のように言ったと伝えられている──「株を買う世界でもっともバカげた理由は、株価が上昇しているからというものだ」。経験から言って、バフェットの言ってい

ることは間違いではない。しかも、ウォーレン・バフェットは、研究する価値のある洞察力を持ったたぐいまれな投資家だ。しかし、経験則は必ずしも状況のニュアンスをとらえられるわけではない。価格の上昇は必ずしも信頼のおけるシグナルにはならない場合もあるかもしれない。例えば、株式の本質的価値が上昇した株価よりも高かったらどうなるのか。それでもこれはバリュー投資ではないと言えるだろうか。あるいは、株価が上昇すればその会社の本質的価値も上昇するという正のフィードバックループが存在するのかもしれない。株価が上昇すれば、その会社の資本コストは減少するため、より優れた人的資源を引き付けることができる。あるいは、無料広告が打てる。こうして、たとえ反射的とはいえ、ファンダメンタルズの価値は上昇する。つまり一言で言えば、ファンダメンタルズに対して株価の高い成長株は一般に悪いことだが、株価の上昇それ自体は必ずしも悪いことではないということである。事実、ほかの条件が一定だとすれば、株価の上昇は明るい未来を示唆するものだ。

　次に示す仮説的シナリオを考えてみよう。

●フェイスブックの株価は昨年100%上昇し、PER（株価収益率）は15倍
●グーグルの株価は50%下落し、PERは15倍

　どちらの株を買えばよいだろうか。典型的なバリュー投資家にとって、どちらの株もPERが15と同じなので、評価の観点から言えば同じだ。しかし、心理的に言えば、グーグルのほうが良いチャンスだと「感じる」投資家もいるだろう。なぜなら、バリュー株は株価が下落した株を言うことが多いからだ。株価が100%も上昇した株を買いたいバリュー投資家がいるだろうか。真のバリュー投資家は株価の強い上昇の動きには懐疑的になるようにプログラミングされている。私たちは生来がバリュー投資家なので、私たちにはこれが分かる。伝統的なバリ

ュー投資や不良債権への投資ということになれば、株価の強い上昇の動きは一般に悪いシグナルだ。株価の上昇は、株は以前ほど安くなくて、少なくとも以前と比較すると高くなっていることを示している。しかし、高値の株を買うというこの嫌悪感はバリュー投資家に限ったわけではない。この嫌悪感はすべての投資家が持っている感情だ。株価が上がってから買う大バカ者になりたい者はいない。実際は、人々は逆の衝動に駆られる。株価が上昇した株を持っている人は、それを売って利益を得たいと思うはずだ。結局、利益を実現すれば満足感を感じられる。この効果をディスポジション効果と言う。ディスポジション効果はモメンタムアノマリーに関係があるという理論を裏付ける強い実証的証拠もある[7]。

　52週の高値を付けた株を考えてみよう。投資家の多くはこれを次のように解釈する。「この株はファンダメンタルズベースでは依然として割安だが、過大評価されているため、これ以上上昇することはない」。この解釈は明らかに間違っている。52週の高値を付けた株は52週の安値を付けた株を大きくアウトパフォームするのである[8]。しかし、市場参加者の多くがこの種のバイアスを持っているとすると、ファンダメンタルズとは無関係な価格圧力があるだろうと考えるのが理にかなっている。市場参加者は直感的に「株価はすでにかなり上昇している」と考えるため、真のファンダメンタルズ価値に到達することはない。この状況は、モメンタム投資がバリュー投資の敵ではなくて、親戚に当たるケースだ。なぜそうなるのだろうか。バリュー投資のエッジは、短期的なファンダメンタルズが悪いことによる悲観主義で特徴づけられることが多い。そのため、株価は将来の期待に対して安すぎることになる。そして、モメンタム投資のエッジは、おそらくは短期的ファンダメンタルズが強すぎることに対する悲観主義で説明できる。そのため、将来に期待できる株価に対して安すぎる状態が継続するのである。

ちょっと待って！　モメンタム投資と成長株投資が 同じだって？　そんなことあるはずがない

　短期的なファンダメンタルズが強いにもかかわらず、悲観主義に陥っているために、株価の安い状態が続くならば、それは成長株投資（グロース株投資）と同じということになりはしないだろうか。

　それは、ノーである。

　しかし、答えを出す前に、バリュー株投資対成長株投資の背後にある心理を考えてみよう。バリュー株投資と成長株投資の以前の議論では、バリュー株投資が成長株投資を打ち負かすという証拠が示された。バリュー株投資・成長株投資間のスプレッドは、1つには市場における行動バイアスによるミスプライシングが原因だ。例えば、第2章で述べたラコニショック、シュライファー、ビシュニーの論文には、株価・ファンダメンタルズ・レシオは市場の予測エラーの代理変数になると書かれている。投資家たちは、成長株の場合は過去の高い収益成長率が続くと考え、バリュー株の場合は過去の低い収益成長率が続くと考えていることを思い出そう。しかし、実際にはそうならないことを証拠は示している。後続の研究[9]では、ラコニショック、シュライファー、ビシュニーのこの中核をなす結果については議論しているが、これらの論文では、ダニエルとティトマンのバリュー株投資の特徴と株式リターンに関する1997年の論文や、ピオトロスキーとソーのバリュー投資のリターンとファンダメンタルズの相互作用に関する2012年の論文、およびピオトロスキーとソーの論文をさらに分析したボーゲルの117ページに及ぶ論文といった最近の研究に関しては何一つ触れられていない。こういった最近の研究こそが、ボラティリティが高く、利用するにはコストのかかるバリューアノマリーの原因の1つがミスプライシングである可能性が高いことを裏付けるものなのである[10]。

　このように投資家たちは一般に、成長企業（ファンダメンタルズに

対して株価の高い会社）に関しては良いニュースをそのまま将来に当てはめ、株価を本質的価値以上につり上げ、バリュー企業（ファンダメンタルズに対して株価の安い企業）に関してはこの逆で、本質的価値以下につり下げる傾向があるように思える。したがって、バリュー株投資のフレームワークでは、強いファンダメンタルズを考えると、成長株投資家は楽観的すぎるように思える。一方で、モメンタム投資家は、強い価格を考えても悲観的すぎると言ってよいのだろうか。彼らの立場は対立しているように思える。それでは説明しよう。

　まず、はっきりさせておかなければならないことは、モメンタム投資は成長株投資ではないということである。成長株投資は、これまでに述べてきた研究によれば、過去のファンダメンタルズ（例えば、PER）に対して株価の高い証券を買う戦略だ。成長株投資の定義方法にはほかの方法（例えば、適度な価格での成長）もたくさんあることは知っているが、ここでの議論では学界の慣例に従うことにする。成長株投資に対して、モメンタム投資は、ファンダメンタルズとは無関係に、ほかの証券とのクロスセクションでの相対パフォーマンスが高い証券を買う戦略だ。例えば、モメンタム戦略では、ほかの株式に対する過去12カ月の累積リターンを見るが、収益やそのほかのファンダメンタルズ統計量は分析には含めない。モメンタム投資では価格がすべてなのだ。

　強いモメンタムシグナルは、ファンダメンタルズに対して安い株価（つまり、バリュー測度）と同じように、投資家の予測エラーの代理変数になり、情報に通じた投資家が、証券が行動バイアスによってファンダメンタルズの価値に到達できない状況をシステマティックに見抜くのに役立つ。第2章で述べた、持続可能なアクティブ投資のフレームワークにおける下手なポーカープレーヤーの話を思い出してもらいたい。持続可能なアクティブ戦略を見つける第1ステップとしては、ミスプライシング機会を作るために、合理的ではない市場参加者が存在

する必要がある。「下手なポーカープレーヤー」とモメンタム投資がなぜ、どのように機能するのかについてはあとで述べるとして、読者が混乱して、成長株投資とモメンタム投資が同じであると考えないようにするためには、モメンタム投資を特徴づけるシグナル（つまり、価格のみ）と成長株投資を特徴づけるシグナル（ファンダメンタルズに対する株価）の違いを理解することが極めて重要だ。

　この点を明確にするにはデータを使って説明するのが一番だ。1963年から2013年までの、一般的なモメンタムシグナルによって選んだ中型株と大型株（前の月を除き、過去12カ月の相対パフォーマンスが高い上位の十分位数に属する銘柄）からなるポートフォリオと、一般的な株価対ファンダメンタルズシグナルによって選んだ銘柄（PBR［株価純資産倍率］やBMR［簿価時価比率］が高い上位の十分位数に属する銘柄。成長株銘柄）からなるポートフォリオのオーバーラップを調べてみることにしよう。驚くべきことに、高モメンタムポートフォリオの銘柄と成長株ポートフォリオの銘柄とではオーバーラップしているのは21％しかない。つまり、モメンタム株の多くは成長株ではないということであり、成長株の多くはモメンタム株ではないということである。実際には、高モメンタム株はバリュー株の場合もあり、成長株の場合もあり、あるいはこの両方の中間に位置する場合もある。

成長株とモメンタム株をもっと詳しく調べる

　次に、成長株と高モメンタム株の特徴を詳しく調べてみることにする。データサンプルには、NYSE（ニューヨーク証券取引所）、AMEX（アメリカン証券取引所）、ナスダックの全銘柄が含まれ、必要なデータはCRSPおよびCompustatデータベース（金融データ分析の金字塔）に入っている。私たちが調べるのは、CRSP上の普通株で、REIT、ADRS、クローズドエンド型投資信託、公共企業、金融会社は除く。ビ

ーバー、マクニコルズ、プライスのテクニック[11]を使って、CRSPの上場廃止企業のリターンデータも含めた。サンプルに含まれるためには、t年6月30日現在における株式の市場価値がゼロではないことが条件になる。また、学界の慣例に従って、「評価」の年次インディケーターとしてBMRを用いる。簿価はファーマとフレンチの手法を使って、毎年6月30日に算出され、時価総額は6月30日に算出される。簿価がマイナスの企業はサンプルから外した。「成長」株とは、BMRの高い銘柄（BMRが低いほど高価）のことを言う。一般的なモメンタムは、ファーマとフレンチ同様、最も直近の月を除く過去12カ月の累積リターンに基づいて毎月すべての銘柄をランキングして算出する。

　検証対象となるのは、中型株と大型株（時価総額がNYSEの40パーセンタイルを超えるもの）である。これは実証的結果が株式ユニバースに対して当てはまるかどうか、長期にわたるサイズおよび流動性効果に対して堅牢かどうかを調べるのが狙いだ。流動性の高い銘柄に焦点を当てるので、結果は流動性の低い小型株には当てはまらないこともある。実験は次の手順に従って行った。

●毎月、成長株の上位の十分位数から30の「成長株」をランダムに選び、高モメンタム銘柄から30の「モメンタム株」をランダムに選ぶ。
●1963年から2013年まで毎月これを繰り返し、毎月リバランスした「成長株」ポートフォリオと、毎月リバランスした「モメンタム株」ポートフォリオを作成する。
●1963年から2013年までの成長株戦略とモメンタム戦略のパフォーマンス統計量を計算する。
●上記のステップを1000回繰り返す。

　この実験は、サルに成長株のダーツ盤に、毎月、50年間にわたって30のダーツを投げさせ、別のサルにモメンタム株のダーツ盤に、毎月、

50年間にわたって30のダーツを投げさせるのに相当する。そして、サルにこの実験を1000回繰り返させる。したがって、実験が終わると、それぞれの戦略から1000の異なるポートフォリオマネジャーザルのサンプルが取れるというわけである。

　パフォーマンスの良いサルもいれば、悪いサルもいる。これはひとえに運による。しかし、モメンタム株のサルがダーツを当てるのは常に上位の十分位数の銘柄で、成長株のサルがダーツを当てるのは常に上位の十分位数の銘柄である。

　まず**図3.1**を見てみよう。これは成長株のサルとモメンタム株のサルの年平均成長率（CAGR）の分布を示したものだ。

　最もラッキーな成長株のサルのこの期間におけるリターンは平均でおよそ14%だった。そして、最もアンラッキーなモメンタム株のサルのこの期間におけるリターンは平均でおよそ17%だった。信じられないことだが、50年のうち、モメンタム株のサルをアウトパフォームした成長株のサルは一匹もいなかった。これは驚くべき結果だ。通常、1000回もシミュレーションを行うと、「テール」――つまり分布の端――のあたりでオーバーラップすることが多い。複利リターンで見ると、モメンタム投資と成長株投資が異なるのは明らかだ。

　次に、成長株のサルのポートフォリオとモメンタム株のサルのポートフォリオのボラティリティを比較してみよう。おそらくは、モメンタム投資のアウトパフォームは、一般的なモメンタム戦略の追加リスクの代償と思われる。

　図3.2は成長株のサルのポートフォリオとモメンタム株のサルのポートフォリオの年次ボラティリティを示したものだ。図を見ると分かるように、ボラティリティの差はほとんどなく、分布の幅も狭い。

　しかし、ボラティリティでは、おそらくは成長株のポートフォリオとモメンタム株のポートフォリオの真のリスクをとらえることはできないだろう。そこで、50年間にわたる最大ドローダウンを、極端なテ

図3.1　年平均成長率──成長株のサルとモメンタム株のサル

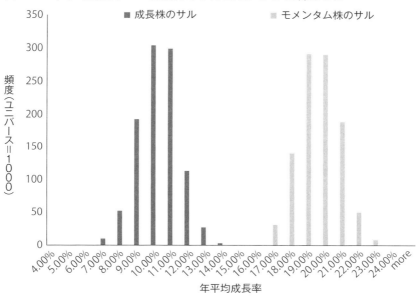

図3.2　ボラティリティ──成長株のサルとモメンタム株のサル

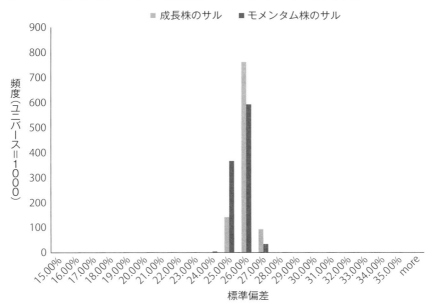

図3.3　ドローダウン――成長株のサルとモメンタム株のサル

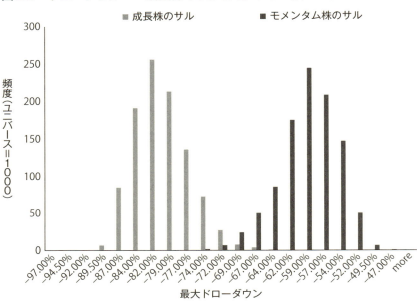

ールイベントとして調べてみることにしよう。**図3.3**は、成長株戦略とモメンタム株戦略を1000回シミュレーションしたときの極端な損失シナリオをグラフ化したものだ。

　ドローダウンが大きいほど左寄りになり、ドローダウンが小さいほど右寄りになることに注意しよう。成長株戦略は左側に集中しているので、成長株戦略のテールリスクは、右側に集中しているモメンタム戦略よりも高いのは明らかだ。オーバーラップしている部分もあり、その部分ではモメンタム戦略のドローダウンが成長株戦略のドローダウンよりも大きい。しかし、オーバーラップしている部分はごくわずかだ。観測数の大部分は、成長株戦略のドローダウンがモメンタム戦略のドローダウンよりも大きいことを示している。

　まとめると、株価・ファンダメンタルズ・レシオで測定した成長株

投資戦略と、過去の相対パフォーマンスで測定したモメンタム投資戦略は同じではないということである。この結果はこれらの戦略にかかわるヒストリカルな特徴のなかに見ることができる。つまり、成長株投資戦略とモメンタム投資戦略は異なるアニマルであるということである。

なぜモメンタム戦略は機能するのか

「地球が平らでないことは理解した。ただ、その理由が分かる前に、私たちはそれを発見したのだ」――クリフ・アスネスたち[12]

　クリフ・アスネスの引用句は、時にはなぜそれが真実なのかを完全に理解し、その理由について他人と意見が一致する前に、それを理解できることがあるということを示している。モメンタム投資についても同じことが言える。データを見ればモメンタム投資が機能することは明らかだが、「なぜ」なのかははっきりとは分からない。これは難しい問題で、何とか解明したいとは思っているが、できることと言えば、これが方向的に正しいことを願うことだけである。バリュー投資はモメンタム投資とは違って直感的だ。バリュー投資が直感的なのは、市場価格はファンダメンタルズによって知ることができるいわゆる本質的価値からはそれほど大きく乖離することはないと仮定しているからである。典型的なバリュー投資家は、ファンダメンタルズと市場価格の差をとらえることで利益を稼いでいると言うが、もし市場が本質的価値の予測値をアップデートしないと決めたらどうなるのか（割安に見えて長年株価が上がらない株のことをバリュートラップと言う）。フリーキャッシュフローが遠い将来に分配されると仮定すると、バリュー投資家はこの状態では勝つことはできないだろう。ほかの投資家同様、バリュー投資家は、戦略が機能するためには、市場予測が自分た

ちに有利になるように変わる必要があるのである。安く買ったからといって、バリュー投資はうまくいくわけではない。バリュー投資がうまくいくのは、システマティックな市場の予測エラーの代理変数となる株価・ファンダメンタルズ・レシオがバリュー投資家にとって有利となるように平均回帰するからなのである。モメンタム投資についての議論もまったく同じだ。モメンタム投資がうまくいくのは、システマティックな市場の予測エラーの代理変数となるレラティブストレングスインディケーターがモメンタム投資家にとって有利になるように回帰するからなのである。

　モメンタム投資がなぜうまくいくのかを理解するために、持続可能なアクティブフレームワークを使って、戦略が長期的に成功するかどうかを見てみることにしよう。持続可能なパフォーマンスを得るための基本要素は以下のとおりである。①下手なポーカープレーヤーを見つける、②上手なポーカープレーヤーが下手なポーカープレーヤーを利用できる限界を理解する、③現れた機会を利用する。強い過去のパフォーマンス履歴を持つバリュー株は、過去のパフォーマンスが将来的にも継続するという特徴を持つ。

　バリューアノマリーを持続可能なアクティブ投資フレームワークというレンズを通して分析した結果、当然と思える疑問が生じる —— モメンタム投資は、バリュー投資同様、持続可能な投資アプローチなのか。持続可能なアクティブフレームワークを使えば、この疑問に答えることができる。しかし、まずは、成長株投資とは異なるモメンタム投資は、これまで長期にわたって機能してきたことを認識しておく必要がある。前の分析に従えば、「モメンタム投資」とは、過去1年の相対パフォーマンスが良い銘柄からなるポートフォリオを買うことを意味する。そこで、ケン・フレンチのウェブサイト[13]のモメンタム株ポートフォリオのデータを使って、高モメンタム株ポートフォリオ（モメンタム十分位数の高い、時価加重リターン）、バリュー株ポートフォ

表3.1　モメンタム投資のパフォーマンス（1927〜2014年）

	モメンタム株	バリュー株	成長株	S&P500
年平均成長率	16.85%	12.41%	8.70%	9.95%
標準偏差	22.61%	31.92%	19.95%	19.09%
ダウンサイドリスク	16.71%	21.34%	14.41%	14.22%
シャープレシオ	0.66	0.41	0.35	0.41
ソルティノレシオ （最小受容リターン＝5％）	0.79	0.54	0.37	0.45
最大ドローダウン	-76.95%	-91.67%	-85.01%	-84.59%
最悪の月のリターン	-28.52%	-43.98%	-30.65%	-28.73%
最良の月のリターン	28.88%	98.65%	42.16%	41.65%
利益の出た月の割合	63.16%	60.51%	59.09%	61.74%

リオ（BMR十分位数の高い、時価加重リターン）、成長株ポートフォリオ（BMR十分位数の低い、時価加重リターン）、S&P500トータルリターン指数（S&P500）の、1927年1月1日から2014年12月31日までのリターンを調べてみた。結果は**表3.1**に示したとおりである。リターンはすべてトータルリターンで、配当の再投資を含み、手数料込みの数値である。

　モメンタム株は、バリュー株、成長株、株価指数を大幅にアウトパフォームしている。モメンタム株ポートフォリオの年平均成長率が16.85％であるのに対して、成長株ポートフォリオの年平均成長率はわずか8.70％で、その差は8％だ。なぜモメンタム戦略が学術研究者たちにトップアノマリーであるとみなされたのかは、この差を見れば歴然だ。この議論には取引コストなどの重要な項目は含まれていないが、1つだけはっきりしているのは、「モメンタム投資はパフォーマンスキング」であるということである。次なる疑問は、このパフォーマンスは持続可能なのか、である。

下手なプレーヤーがモメンタムアノマリーを生みだしている？

バリュー投資に関しては、主な行動バイアスは代表性バイアスだった。このバイアスは悪いファンダメンタルズに対する価格の過剰反応を生みだすが、ファンダメンタルズは時間とともに平均に回帰する。もちろんこの記述は心理的要素を単純化したものだが、バリュー株が得た超過リターンはただ単に追加リスクによってもたらされるのではなく、ミスプライシングも超過リターンの一因になっているとする主張は学術的証拠によって裏付けられているように思える。一方、モメンタム投資に関しても、同様の学術的証拠がある——超過リターンを説明するのにリスクも一定の役割を果たすが、ミスプライシングもある程度の役割を果たす。ただし、モメンタム投資の場合、投資家はクロスセクションでの強い相対パフォーマンスに反映されるポジティブなニュースに過小反応するという行動が前提である。一見、バリュー投資とモメンタム投資を生みだす行動は相反しているように思える。バリュー投資は過剰反応によって生みだされ、モメンタム投資は過小反応によって生みだされる。これは一体どういうことなのだろうか。

要するに、行動経済学の研究者たちは矛盾した2つのことを同時に実現させたいと思っているということである。一方では過小反応バイアスに依存し、他方では過剰反応バイアスに依存する。行動バイアスの公式は簡単だ。心理学のテキストを入手し、データにフィットする行動バイアスを見つければよい。ユージン・ファーマは1998年の論文「Market Efficiency, Long-Term Returns, and Behavioral Finance」[14]のなかで、行動経済学に対する挑戦状と思えるようなことを書いている。

標準的な科学のルールに従えば、市場の効率性と置き換えられる

のはこれよりも優れたモデルだけである。……こうした優れたモデルを見つけるのは気の遠くなるような作業だ。あるタイプのイベントに対しては過小反応し、それと同時にほかのタイプのイベントに対しては過剰反応する投資家心理とはどういうものなのか。これを明確にできるようなモデルでなければならない……。

　これにさっそく応戦したのが、ダニエルやバーベリスたち、ホンとシュタインだった[15]。ダニエルやバーベリスたちは心理的バイアスによるモデルを使って、バリュー戦略とモメンタム戦略の超過リターンを説明している。ホンとシュタインは少し違ったアングルからこの問題に取り組んでいる。ダニエルやバーベリスたちは、個々の市場参加者の投資家心理に焦点を当てているのに対して、ホンとシュタインはさまざまな市場参加者（市場参加者のほとんどはファンダメンタルズ投資家またはテクニカル投資家と考えられており、ファンダメンタルズかつテクニカルな投資家はほとんどいない）の相互作用に焦点を当てている。これら3つの論文はモメンタム投資を説明するうえでおそらくはある程度の役割を果たすと思われるので、興味のある読者は、これら3つの論文を読んでみることをお勧めする。私たちが特に注目するのは、実証的に裏付けられたバーベリスたちの論文である[16]。

　バーベリスたちは、バリュー投資とモメンタム投資は互いを映し出すバイアスによって生じると結論づけている。前にも述べたように、バリュー投資は過剰反応によって生みだされる。人間は最近のごくわずかなデータから拙速に結論を出す傾向がある。これとは対照的に、モメンタム投資は過小反応によって生みだされる。人間は新たな証拠が出ても、考え方をなかなか変えようとしない。これはシステマティックな行動バイアスと、人間の認識力には限界があることによる（学術文献では「限定的な注意力」と呼ばれている）。しかし、ある状況では過剰反応を生みだし、別の状況では過小反応を生みだすのはなぜなの

だろうか。

　行動理論における課題は、何が過剰反応を生みだし、何が過小反応を生みだすのかを理解することである。言い換えれば、市場参加者はなぜ行動的「レジームシフト」を起こすのか、そして私たちはその理由を理解できるのか、ということである。バーベリスたちが依拠するのはグリフィンとトベルスキーの論文[17]である。この論文を読んで、バーベリスたちは、長く続いた良い決算発表のニュースから孤立して発表された良い決算発表は過小反応につながり（保守主義）、長く続いた良い決算発表のなかで発表された良い決算発表は過剰反応につながる（代表性バイアス）と考えたのである。バーベリスたちの理論は実験的証拠によって強く裏付けられている。2002年、ロバート・ブルームフィールドとジェフリー・ヘールズは、コーネル大学のMBAの学生を使ってトレードのコントロール実験を行い、ビジネスを専攻している学生は新しい情報をどのように理解するかによって、行動的レジームシフトを起こすことを見いだした[18]。

　この問題を具体例で考えてみよう。長期にわたって黒字の決算発表を行ってきた会社があったとしよう。この次の決算発表も大きな黒字だったことを投資家が知ったら、どうなるだろうか。投資家はこのトレンドは続くものと予測するだろう。なぜなら、このトレンドの継続は、観察された決算トレンドを代表するものだからである。しかし、投資家たちは過剰反応する。彼らは過剰に楽観的で強気になる。彼らはこの増益は将来的にも続くと期待して、株価を過度に高い水準にまでつり上げる。そのため、株価はファンダメンタルズから大きく乖離してしまう。この時点で、赤字決算が発表されると、これは彼らの楽観主義とは一致しないので彼らは呆然として、株を売る。これによって株価は下落する。この行動が成長株投資である。

　次に、最近の決算発表が赤字だったり、黒字だったりした会社を考えてみよう。この次の決算発表が、予想に反して良い決算発表だった

場合、どうなるだろうか。投資家たちはこの決算発表を疑いの目で見て、保守的になって、考え方を変えようとしないだろう。彼らは強気にはなかなかなれない。これはただ単に一時的なことであり、将来的な決算発表がこれほど良くなかったらどうなるのか。この場合、投資家たちは良い決算発表には過小反応し、直近の決算発表の内容は無視してしまう。彼らは過度に悲観的で、ニュースが株価が過小評価されていることを示唆したとしても、株価をつり上げようとはしないだろう。株価が上昇して、新たなファンダメンタルズ情報を完全に反映するまでにはかなりの時間がかかる。この行動がモメンタム投資である。

　バーベリスたちは、バリュー効果もモメンタム効果もパラメーター値が大きく変動すれば納得できると結論づけた（つまり、数期間にわたる収益の最近のトレンドによって、過剰反応になることもあれば、過小反応になることもあるということ）。

　正直に言えば、バリュー投資とモメンタム投資を生みだす行動バイアスに関しては、明確な結論はない。しかし、これらのアノマリーは行動バイアスによるミスプライシングが1つの要因であるということでは一般に意見が一致している。バリューシグナルとモメンタムシグナルは、システマティックな投資家の予測エラーを生みだす行動バイアスの代理変数にほかならない。この仮説は実証的証拠によって裏付けられており、アスネス、モスコウィッツ、ペダーセンの2013年の論文「Value and Momentum Everywhere」のタイトルからもそれはうかがえる[19]。

　ある意味では、私たちは、下手なプレーヤーをバリュー投資やモメンタム投資のようなアノマリーに貢献させるメカニズムはあまり気にすべきではないのかもしれない。モメンタム投資やバリュー投資がなぜ機能するのかを理解することはあまり問題ではないのかもしれない。私たちは投資家として、とにかくそれが機能することだけを理解していればよい。とにかく、モメンタム投資は機能する。下手なプレーヤ

ーがモメンタム投資が機能することにどのように貢献したかについても述べた。そこで基本的な問題を解決する必要がある —— スマートマネーがまだアノマリーを裁定に使っていないのはなぜなのか。

最良のプレーヤーはモメンタムをどう考えているのか

　バリュー投資同様、モメンタム投資も一定の規律を必要とするが、そういった規律を持ち合わせている投資家はほとんどいない。モメンタム投資は常に機能するわけではなく、大失敗することもある。こうした厳しい現実を考えると、スマートマネーがモメンタムプールにつま先をあまり深く入れこまないように注意しているのは納得がいく。モメンタム戦略は危険すぎるのだ。

　モメンタム戦略はときにはあなたの富に危険を及ぼすこともある。これが正しいことを示すために、2008年の金融危機とそのあとの期間におけるモメンタム投資の痛みについて調べてみることにしよう。私たちは、モメンタム株ポートフォリオ（モメンタム十分位数の高い、時価加重リターン）、成長株ポートフォリオ（BMR十分位数の低い、時価加重リターン）、バリュー株ポートフォリオ（BMR十分位数の高い、時価加重リターン）、S&P500トータルリターン指数（S&P500）の、2008年1月1日から2009年12月31日までのリターンを調べてみた。結果は**表3.2**に示したとおりである。リターンはすべてトータルリターンで、配当の再投資を含み、手数料込みの数値である

　相対比較では、モメンタム戦略はほかを大幅にアンダーパフォームした。リスク調整済みの数値はさらに悪い。アクティブなバリュー戦略同様、アクティブなモメンタム戦略に従えば、投資アドバイザーのキャリアリスクは危険にさらされることは明らかだ。しかし、これはさらに悪化する……。

　表3.3は金融危機とそのあとの期間（2008年1月1日から2014年12

表3.2　市場をアンダーパフォームするモメンタム投資（2008〜2009年）

	モメンタム株	成長株	バリュー株	S&P500
年平均成長率	-17.65%	-8.52%	-6.69%	-10.36%
標準偏差	26.03%	23.45%	45.60%	23.24%
ダウンサイドリスク	20.67%	17.38%	23.06%	17.37%
シャープレシオ	-0.64	-0.30	0.05	-0.39
ソルティノレシオ（最小受容リターン＝5％）	-1.01	-0.64	-0.09	-0.76
最大ドローダウン	-51.25%	-46.72%	-61.04%	-47.75%
最悪の月のリターン	-15.19%	-16.13%	-28.07%	-16.70%
最良の月のリターン	11.09%	9.92%	36.64%	9.42%
利益の出た月の割合	50.00%	54.17%	62.50%	54.17%

表3.3　市場をアンダーパフォームするモメンタム投資（2008〜2014年）

	モメンタム株	成長株	バリュー株	S&P500
年平均成長率	6.55%	8.69%	8.45%	7.44%
標準偏差	22.24%	17.13%	29.73%	16.75%
ダウンサイドリスク	17.03%	12.92%	20.78%	13.30%
シャープレシオ	0.39	0.56	0.41	0.50
ソルティノレシオ（最小受容リターン＝5％）	0.23	0.37	0.36	0.27
最大ドローダウン	-51.25%	-46.72%	-61.04%	-47.75%
最悪の月のリターン	-15.91%	-16.13%	-28.07%	-16.70%
最良の月のリターン	14.93%	11.21%	36.64%	10.93%
利益の出た月の割合	61.90%	61.90%	59.52%	63.10%

月31日まで）におけるリターンを調べたものだ。結果は手数料込みの数値である。この7年間にわたり、シンプルなパッシブ指数ファンドさえモメンタム戦略をアウトパフォームしている（興味深いことに、2008年から2014年の7年にわたって最もパフォーマンスが良かったのは皮肉にも成長株投資だった）。

　1994年から1999年までの仮想的なバリュー投資家の結果に対して、私
たちが突きつけたのと同じ質問をしてみてほしい。

　　あなたのアセットマネジャーは7年にもわたってベンチマークを
　　アンダーパフォームした。時には桁違いのこともあった。このと
　　きあなたはアセットマネジャーを解雇するか。

　ほとんどの投資家は声を大にして「イエス！」と答えるだろうが、キ
ャリアのことが気になるプロのアセットマネジャーにすれば、これは
絶対避けたいことである。しかし、モメンタム戦略を利用するときの
マーケットフリクションは、キャリアリスクどころの話ではない。比
較的低頻度でトレードするときにうまくいく（例えば、年に1回のリ
バランスでもリスク調整済み超過リターンが残る）バリュー戦略とは
違って、モメンタム戦略を効果的にトレードするにはかなり頻繁にト
レードする必要がある（例えば、四半期ごとのリバランスならリスク
調整済み超過リターンが残るが、年に1回リバランスするポートフォ
リオにはリスク調整済み超過リターンは残らない）。頻繁にトレードす
れば取引コストはかさみ、取引コストがかさめばトレードコスト差し
引き後の戦略の収益性は減少する。裁定には限界があるが、フラツィ
ーニたちはAQRキャピタルマネジメントからの1兆ドルを超える実際
の取引のデータを使ってこの問題を分析した結果、効率的な機関投資
家の取引コストでは、モメンタム戦略を嫌う理由は「説明できない」
と結論づけている[20]。

モメンタム株投資は成長株投資ではなくて、バリュー株投資と同類

　パフォーマンスから見ても、私たちの持続可能なアクティブ投資の

フレームワークから見ても、モメンタム投資は成長株投資よりもバリュー投資に近い。パフォーマンスについては、バリュー投資もモメンタム投資もリスク調整済みヒストリカルリターンは高く、異なる市場、異なるアセットクラス、異なる期間にわたって学術研究者たちが広範にわたって検証してきた。この特異なパフォーマンスを説明するに当たっては、学術研究者の間では、バリュープレミアムとモメンタムプレミアムは、隠れたシステマティックなリスクファクター（期待リターンが高いことに対する正当な理由）とミスプライシング（期待リターンが高いことに対する根拠のない理由）とによって生みだされるということで意見は一致している。ミスプライシングについては、バリュー投資とモメンタム投資の統計量は、市場予測に翻弄されるが、最終的にはバリュー投資家やモメンタム投資家にとって有利な方向に動く銘柄を探すためのシグナルとしての役割を果たす。このミスプライシングは、巨額の資金を持つスマートマネーがバリュー株やモメンタム株を裁定に利用する能力を限定するという厳しい現実と対になっている。これらの資金プールの多くは、アクティブなバリュー戦略やモメンタム戦略を追求するうえでの高いボラティリティや極端なキャリアリスクに苦しむことになる。おそらくは、バリュープレミアムとモメンタムプレミアムは、①バリューとモメンタムは基本的にリスクの高い戦略である、②投資家は行動バイアスに苦しみ続ける、③大規模な裁定はコストが高く、困難 —— という前提の下では、効果を発揮し続けるだろう（バリュープレミアムとモメンタムプレミアムの一部の要素がリスクによるものであるとするならば、リスク選好が変わればこれらのプレミアムには将来的にスイングが生じるだろう）。

まとめ

本章では、素晴らしいアプローチであるとされた過去の時代から、効

率的市場仮説の黄金時代後の暗黒時代を経て、学界で再び注目される
までになったモメンタム投資の研究の歴史について振り返った。また、
株価・ファンダメンタルズ・レシオの高い銘柄を買う成長株投資と、相
対リターンの高い銘柄を買うモメンタム投資が同じものであるとする
誤解についても議論した。成長株投資とモメンタム投資が同じである
など、まるで見当違いだ。割高な株を買うことと、クロスセクション
での相対パフォーマンスの高い株を買うことは同じではない――一方
の戦略はパフォーマンスが高いが、もう一方の戦略はパフォーマンス
が低い。さらに、モメンタム戦略を持続可能なアクティブ投資のフレ
ームワークというレンズを通して調べた。モメンタム戦略の超過期待
リターンは、投資家の行動バイアスと裁定の限界とによって発生する
ものである。したがって、モメンタム戦略は長期的に持続可能なパフ
ォーマンスを持つということになる。モメンタム投資はバリュー投資
同様、持続可能なアノマリーであることは納得してもらえたと思う。そ
こで次の第4章では、これら2つのアノマリーを併用するとなぜ効果
的なのかについて見ていく。ポートフォリオの構築では、バリューシ
ステムとモメンタムシステムの組み合わせを使うことでパフォーマン
スを上げることができる。それはなぜなのだろうか。第4章ではこれ
について考える。

バリュー投資家がモメンタムを
必要とするわけ

> **「モメンタムは日本を除く世界中で発生する」** ── ユージン・ファーマ[1]

> **「日本でも実際にモメンタム投資は成功している」** ── クリフ・アスネス[2]

　独立した投資戦略として、モメンタムは単純ではあるけれども機能する。しかし、どこででもうまくいくわけではないと言う人もいる。モメンタムが「失敗」する1つの例が日本株である……これについてはこのあとすぐに説明する。しかし、効率的市場仮説（EMH）に偏っている学術研究者たちの間では、モメンタムをベースとする銘柄選択戦略はリスク調整後でも市場を打ち負かすということは証拠によって裏付けられているというのが一般的な見方だ。つまり、モメンタムについては特別な何かがあるということである。効率的市場に関する実証的研究で知られるユージン・ファーマでさえ、モメンタムは効率的市場理論にとって最大の頭痛の種だと言っている。つまり、彼に言わせれば、モメンタムは「トップアノマリー」なのである[3]。

謎に包まれたモメンタム

　にもかかわらず、モメンタムは「実在しない」という虚構は拡大し続けている。例えば、2008年のアメリカファイナンス学会で、金融経済学者のリチャード・ロールは金融経済学者のキングであるユージン・

ファーマにインタビューした。ロールとファーマはバリュープレミアムについて、割安株の超過リターンは超過リスクの代償として得られるものなのか、それともミスプライシングの代償として得られるものかについて活発に議論したが、結論は出なかった。そのあと、ロール教授はファーマにモメンタムプレミアムについて挑発的な質問をした。するとファーマは、モメンタム効果は世界の株式市場に蔓延している、と答えたが、日本の株式市場はモメンタム効果とは無縁だとすぐに言い添えた。ロールが、日本の投資家はおそらくは「合理的」なのでしょう、と冗談を言うと、ファーマは皮肉を込めて含み笑いをし、日本においてモメンタムをベースとする銘柄選択が良い結果を出さないのは規則のようなもので、その規則に対する例外はデータを無理やりさらった結果にほかならない、と言った[4]。

フィクションと事実を区別したアスネス

しかし、ロールとファーマの高レベルの議論にだれもが満足したわけではなかった。AQRの創設者であり、シカゴ大学でファイナンスの博士号を取得し、元ファーマの学生だったクリフ・アスネスは、効率的市場仮説の見解に興味はなかった。数年後の2011年に、ザ・ジャーナル・オブ・ポートフォリオ・マネジメントに「日本におけるモメンタム（Momentum in Japan : The Exception that Proves the Rule)」と題する論文を発表したところを見ると、アスネスはおそらくはファーマとロールのインタビューを見ていたと思われる。

アスネスは論文で、モメンタムに関してシンプルだが的を射た意見を述べている。日本のモメンタム戦略を単独で見てみると、モメンタムは非効率的なように思える。しかし、独立した投資価値だけでなく、ポートフォリオに対する分散化効果を理解するためには、戦略はポートフォリオレベルで評価する必要があることをアスネスは指摘してい

る。例えば、株式市場で期間３カ月のプットオプションを継続して購入するという戦略を評価したとすると、その戦略のリターンはマイナスで、ボラティリティは非常に高いという結果になるだろう。しかし、これはプットオプションが非効率な価格付けをされているという意味にはならず、プットオプションがポートフォリオのなかでどう機能するかを評価して初めて、明確な結論を出すことができる。ポートフォリオというレンズを通して見れば、プットオプションは信じられないくらいの分散化効果（つまり、保険効果）をもたらし、投資家はプットを買うという戦略の期待リターンがマイナスでも喜んでそれを受け入れるのである。

　プットオプションとは違って、モメンタムベースの銘柄選択戦略は保険のような分散化効果はもたらさない。しかし、モメンタム戦略は全体的な分散化に関しては効果がある。例えば、買いのみのモメンタム戦略は株価指数と完全相関ではなく、昔ながらのバリュー戦略との相関も低い。こういった性質によって、モメンタム戦略はポートフォリオのなかでバリュー戦略と併用すれば大きな効果をもたらす。

　この考えにしたがって、アスネスは、ポートフォリオのリスク調整済み期待リターンを最大化しようとする日本の投資家はポートフォリオに多額のモメンタム戦略を含むだろうと述べている。アスネスには深い洞察力があり、この論文の論点は非常にクリアだ。しかし、アスネスの論文の前提は、モメンタムが日本でどれほど価値があるものかを証明する必要があることを述べている。アスネスの結果を掘り下げて調べてみると、彼の分析は日本のロング・ショート・ポートフォリオに焦点を当てていることが分かる。これは長期投資家が用いる典型的なポートフォリオではない。モメンタムポートフォリオの売りサイドが、買いのみのモメンタムポートフォリオのパフォーマンスを食いつぶすため、ロング・ショート・ポートフォリオのパフォーマンスは低下する。アスネスは買いのみの結果は重視していないが、私たちは

表4.1　日本の株式市場のパフォーマンス（1982〜2014年）

	日本のモメンタム株	日本の指数
年平均成長率	5.82%	3.81%
標準偏差	23.10%	19.37%
ダウンサイドリスク	13.57%	12.84%
シャープレシオ	0.18	0.08
ソルティノレシオ （最小受容リターン＝5％）	0.24	0.05
最大ドローダウン	-65.95%	-68.83%
最悪の月のリターン	-21.88%	-21.06%
最良の月のリターン	22.99%	19.97%
利益の出た月の割合	55.05%	53.54%

　もっと伝統的な買いのみのポートフォリオを使って彼の分析を拡張してみた。表4.1はAQRデータを使った買いのみの日本のモメンタムポートフォリオの結果を示したものだ[5]。日本の指数は、MSCIジャパントータルリターン指数を示している。リターンは1982年1月1日から2014年12月31日までのリターンである。リターンはすべてトータルリターンで、配当の再投資を含み、手数料込みの数値である。

　表4.1を見ると分かるように、買いのみのモメンタムポートフォリオは株価指数を大幅にアウトパフォームしている。長期データが入手可能な市場ではどこでもモメンタムは機能するので、この結果は驚くには当たらない。アスネスが彼の分析においてなぜロング・ショート・モメンタムポートフォリオに焦点を当てたのかは理解できるが、これは投資家を混乱させ、論点がぼやけてしまう。実際には、買いのみのモメンタムは日本で機能する。つまりアスネスは、投資家はポートフォリオにロング・ショートのバリューイクスポージャーが入っている場合は特に、ロング・ショートのモメンタムイクスポージャーをとるべきであるという重大な点を指摘しているのである。

　本章の残りでは、バリューイクスポージャーとモメンタムイクスポージャーを組み合わせるというアスネスの考えをもっと深く探求してみることにしよう（ロング・ショートの結果ではなくて、買いのみの結果に焦点を当てる）。投資家はモメンタムから利益を得ることができ、モメンタムを受け入れられないバリュー投資家もモメンタムから利益を得ることができるという事実を突きつけられれば、理性のある投資家は同意してくれるはずだ。アスネスの論文のタイトルが示すように、日本におけるモメンタムを掘り下げて分析すれば、モメンタムは効果的でないどころか、非常に効果的であることが分かってくるはずだ。

モメンタムでホライゾンを拡大

　現代ポートフォリオ理論は、投資家は任意のリスクレベルにおいて期待リターンを最大化するポートフォリオを数学的に構築することができることを言ったものであり、この理論からの最も有名な副産物であるCAPM（資本資産価格モデル）を最もよく表現したのはフィッシャー・ブラックの次の言葉だろう。「理論は正しいが、機能しないだけである」（ファーマのインタビューより）。私たちが毎年、ファイナンス学部の学生に教えるCAPMは偉大な教材だ。期待リターンのベクトルと、関連するアセットや証券の共分散マトリックスをコンピューターに入力すれば、任意のリスクレベルで期待リターンを最大化する最適ポートフォリオウエートがあっという間に算出される。あとで振り返ってみると、現代ポートフォリオ理論からの教訓は何とも単純だ。しかし、この理論の元になる分析は、最適ポートフォリオ選択についてのハリー・マーコウィッツの論文にノーベル賞をもたらした。

　学術研究者や私たちを含む実践家のなかには、複雑なポートフォリオ最適化理論について懐疑的な者もいるが、現代ポートフォリオ理論の根底にある考えは、成功する投資プログラムを構築するうえで非常

に重要だ。そしてそれには、一定のアイデアをいつ採用するか——そして、いつ廃棄するか——を知ることも含まれている。現代ポートフォリオ理論の勘所はいわゆる平均分散（MV）フロンティア（効率的フロンティアとも言う）である。平均分散フロンティアとは、期待リターンとアセット間の共分散マトリックスに基づいて、アセットのウエートをシフトさせることで、投資家が達成しうるリスクとリワードのありとあらゆるベストな組み合わせをプロットしたものだ。つまり、平均分散フロンティアとはリターンを最大化し、リスクを最小化するための最良のレシピのようなものである。

　現代ポートフォリオ理論の実践例を示したものが**図4.1**である。**図4.1**は、ケン・フレンチのバリューポートフォリオとモメンタムポートフォリオの1927年から2014年までのデータを使って、4つのポートフォリオのヒストリカルリターンと標準偏差をプロットしたものだ[6]。用いたポートフォリオは以下のとおりである。

● S&P500 ＝ S&P500トータルリターン指数
● VALUE ＝ BMR（簿価時価比率）に基づく上位の十分位数の時価加重ポートフォリオ
● MOM ＝ 2〜12カ月モメンタムに基づく上位の十分位数の時価加重ポートフォリオ
● LTR ＝ メリルリンチ7〜10年物国債指数（データはイボットソンの『Stocks, Bonds, Bills, and Inflation Yearbook』より）

　ヒストリカル期待リターンと共分散マトリックスを使って効率的フロンティアをプロットしてみた。数値は管理手数料および取引コスト込みの数値で、リターンはすべてトータルリターン、配当の再投資を含むものとする。空売りには制約を設け、アセットウエートがマイナスにならないようにした。また、平均分散フロンティアの目的上、オ

図4.1　近代ポートフォリオ理論のチャート

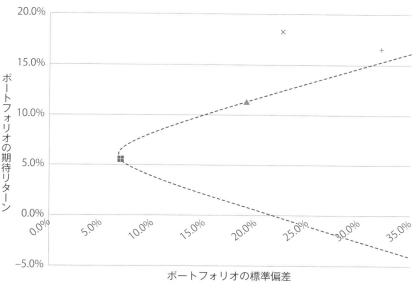

▲ S&P500　■ LTR　---- MVフロンティア　＋ VALUE　× MOM

プティマイザーにはS&P500指数と国債にのみ投資させた。

　1927年から2014年の期間において、国内株式（S&P500）は期待リターンと標準偏差は比較的高く、国内バリュー株（VALUE）とモメンタム株（MOM）は期待リターンは高いが、ボラティリティも非常に高い。長期債券（LTR）は標準偏差は低いが、期待リターンも低い。

　投資家は株式と債券を賢明な方法で組み合わせることができ、分散化効果もあるという意味では現代ポートフォリオ理論は「機能」する。平均分散フロンティア（点線）の、国債の買いのみのポートフォリオとS&P500のみのポートフォリオの間の「曲線」がこれを示している。この曲線は分散による利点を表しており、一定の期待リターンに対して標準偏差の低いポートフォリオを達成することができる。

　理想の世界では、平均分散フロンティアを拡大させて、任意のリス

表4.2　アセットクラス別ヒストリカルリターン

	S&P500	VALUE	MOM	LTR
年平均成長率	9.95%	12.41%	16.85%	5.45%
標準偏差	19.09%	31.92%	22.61%	6.92%
ダウンサイドリスク	14.22%	21.34%	16.71%	4.43%
シャープレシオ	0.41	0.41	0.66	0.31
ソルティノレシオ （最小受容リターン＝5％）	0.45	0.54	0.79	0.12
最大ドローダウン	-84.59%	-91.67%	-76.95%	-20.97%
最悪の月のリターン	-28.73%	-43.98%	-28.52%	-8.41%
最良の月のリターン	41.65%	98.65%	28.88%	15.23%
利益の出た月の割合	61.74%	60.51%	63.16%	63.35%

ク水準に対して期待リターンの高い機会を創造することができる。直感に反するかもしれないが、ポートフォリオに加えられるアセットのボラティリティがポートフォリオにすでに加えられているアセットに対して無関係なら、バリューやモメンタムのようなボラティリティの高いアセットを加えることで平均分散フロンティアを拡大させることができる。

　この概念をもっと掘り下げて調べてみることにしよう。平均分散オプティマイザーに、S&P500と債券だけでなく、2つの株式ポートフォリオ──バリューポートフォリオとモメンタムポートフォリオ──にも資産を配分させてみる。**表4.2**は1927年から2014年までのパッシブ戦略と一般的なバリュー戦略と一般的なモメンタム戦略を単独で使ったときの統計量を示したものだ。

　バリュー戦略とモメンタム戦略を加えると、ボラティリティは減少するだろうか。**図4.2**はモメンタム戦略とバリュー戦略を加えたあとの平均分散フロンティアの変化を示したものだ。

　結果は驚くべきものだ。バリューポートフォリオを加えると、平均分散フロンティアは拡大する。x軸の標準偏差で測定した任意のリス

図4.2　近代ポートフォリオ理論＋モメンタム

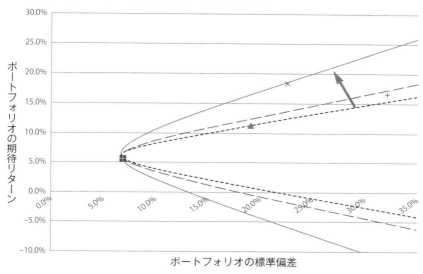

ク水準に対して、バリュー戦略を加えたポートフォリオのリターンは
上昇している。しかし、モメンタム戦略も加えると、フロンティアは
さらに拡大する。バリュー戦略とモメンタム戦略の両方を加えたポー
トフォリオは、任意の標準偏差に対して、期待リターンは劇的に向上
していることに注目してもらいたい。注目すべきなのは、この場合、オ
プティマイザーはパッシブインデックスに対する資産配分としてゼロ
を推奨していることだ。つまり、債券と買いのみのバリュー戦略とモ
メンタム戦略の株式ポートフォリオを含むポートフォリオだけでポー
トフォリオのメリットをすべてとらえているということであり、パッ
シブ株価指数ポートフォリオ（S&P500）のみのポートフォリオの効果
は極めて限定的ということである。モメンタム戦略とバリュー戦略は
あらゆるリスク水準（標準偏差で測定）の投資機会も大幅に拡大する

ことができるのである。これから言えることは、投資家は、リスク許容量にかかわらず、株式をアクティブなモメンタム戦略とバリュー戦略で置き換えることで期待リスクとリワードのトレードオフを上昇させることができるということである。

バリュー戦略とモメンタム戦略の結合

「……バリュー戦略とモメンタム戦略は、アセットクラス内でもアセットクラス間でも負の相関を持つ」　——アスネス、モスコウィッツ、ペダーセン[7]

　クリフ・アスネス、トビー・モスコウィッツ、ラッセ・ペダーセンは2013年、画期的な論文を発表した。そのタイトルはずばり、「Value and Momentum Everywhere」だ。彼らの研究内容は、興味深いが、それほど驚くには当たらない現象についてである——バリュープレミアムとモメンタムプレミアムは文字どおりどこにでも存在する。

- ●米国株
- ●英国株
- ●欧州株
- ●日本株
- ●通貨
- ●確定利付商品
- ●コモディティ

　私たちは彼らのデータを使ってオリジナル研究論文の分析を改訂した。結果は**表4.3**と**表4.4**に示したとおりである[8]。私たちが調査したのは、1982年から2014年までの４つの最大株式市場——米国、英国、欧州、日本——の買いのみのポートフォリオである。市場によってはこれ以前のデータも入手可能だったが、同一条件で比較するために、すべての市場で入手可能なデータ期間のみで分析を行った。

表4.3　モメンタム投資のパフォーマンス（1982～2014年）

	米国	英国	欧州	日本
年平均成長率	13.75%	13.69%	14.88%	5.82%
標準偏差	17.14%	19.84%	19.13%	23.10%
ダウンサイドリスク	13.02%	14.11%	13.93%	13.57%
シャープレシオ	0.60	0.54	0.61	0.18
ソルティノレシオ （最小受容リターン＝5％）	0.73	0.70	0.77	0.24
最大ドローダウン	-48.31%	-60.71%	-54.92%	-65.95%
最悪の月のリターン	-23.89%	-27.16%	-18.95%	-21.88%
最良の月のリターン	17.65%	16.44%	18.56%	22.99%
利益の出た月の割合	65.66%	60.35%	64.90%	55.05%

表4.4　バリュー投資のパフォーマンス（1982～2014年）

	米国	英国	欧州	日本
年平均成長率	12.79%	12.59%	15.09%	11.11%
標準偏差	15.55%	20.02%	19.27%	21.67%
ダウンサイドリスク	11.88%	12.87%	14.06%	11.91%
シャープレシオ	0.59	0.49	0.62	0.40
ソルティノレシオ （最小受容リターン＝5％）	0.70	0.69	0.78	0.66
最大ドローダウン	-49.80%	-54.65%	-55.30%	-41.35%
最悪の月のリターン	-18.45%	-21.02%	-21.78%	-15.34%
最良の月のリターン	15.40%	19.22%	18.04%	28.88%
利益の出た月の割合	66.16%	58.08%	64.65%	55.05%

　モメンタム戦略の結果は**表4.3**に示したとおりである。バリュー戦略の結果は**表4.4**に示したとおりである。

　同じ期間における、米国株価指数（S&P500トータルリターン指数）の年平均成長率（CAGR）は11.96％で、英国株価指数の年平均成長率は9.60％で、日本株価指数の年平均成長率は3.81％である（特に断らないかぎり、パッシブベンチマークとしてはMSCIトータルリターン指

数を使った。欧州指数のデータは1999年からしか入手できないので、データ期間としては1999年～2014年を使った。この間の欧州バリューポートフォリオの年平均成長率は9.17％、欧州モメンタムポートフォリオの年平均成長率は8.93％、欧州指数の年平均成長率は4.13％だった）。

　人は説明できないものを観察すると、「水面下に何かがあるはずだ」と言う。バリュー戦略とモメンタム戦略に関しては、この結果はまさにそのとおりである。水面下に何かがある。バリューはあらゆる株式市場で現れ、モメンタム戦略はあらゆる市場で強いパフォーマンスを示している。この結果はある程度はリスクの上昇で説明することができると思うが、本書の最初で述べた持続可能なアクティブ投資のフレームワークの現れでもある。バリュー戦略とモメンタム戦略の超過リターンは行動バイアスに陥った市場参加者によるものでもあり、この行動バイアスがミスプライシング機会をもたらす。これらのミスプライシング機会はデータのなかに存在し続けている。なぜなら、こうした戦略によってもたらされた投資機会は無リスク裁定を通して利用することが困難だからである。

　しかし、バリュー戦略とモメンタム戦略がさまざまなアセットとさまざまな期間にわたって機能するという証拠は、何も今に始まったわけではない。アスネスたちの論文に独自性を持たせ、この前のセクションでざっと学んだ現代ポートフォリオ理論で示唆したものは、バリュー戦略とモメンタム戦略を1つのシステムとして併用することでパフォーマンスは向上するということである。

　表4.5は、バリュー戦略とモメンタム戦略を1つのシステムとして併用することでなぜうまくいくのかを示したものだ。バリュー戦略とモメンタム戦略のグローバル株式ポートフォリオの相関は買いのみのポートフォリオでは低い。

　バリュー戦略とモメンタム戦略を組み合わせたシステムがどのように機能するかを示すために、バリュー戦略に50％、モメンタム戦略に

表4.5　バリュー投資とモメンタム投資の相関

	米国の モメンタム	英国の モメンタム	欧州の モメンタム	日本の モメンタム
米国のバリュー	**71%**	56%	57%	26%
英国のバリュー	53%	**79%**	63%	33%
欧州のバリュー	55%	65%	**84%**	41%
日本のバリュー	29%	40%	41%	**75%**

表4.6　バリュー投資・モメンタム投資のコンボポートフォリオ

	米国	英国	欧州	日本	グローバル
年平均成長率	13.49%	13.37%	15.15%	8.76%	13.29%
標準偏差	15.14%	18.86%	18.43%	20.95%	15.08%
ダウンサイドリスク	11.60%	12.93%	13.72%	11.88%	11.20%
シャープレシオ	0.64	0.54	0.64	0.31	0.63
ソルティノレシオ （最小受容リターン＝5％）	0.77	0.73	0.79	0.47	0.78
最大ドローダウン	-48.95%	-57.66%	-55.04%	-47.36%	-49.72%
最悪の月のリターン	-20.88%	-24.09%	-20.13%	-18.44%	-17.75%
最良の月のリターン	13.32%	16.74%	15.62%	25.24%	11.83%
利益の出た月の割合	64.90%	61.87%	64.14%	54.29%	63.64%

50％投資し、毎月リバランスしたポートフォリオを見てみよう。1982年から2014年までのバリュー・モメンタム・ポートフォリオの統計量を示したものが**表4.6**である。

　リスク調整済み統計量は全体的にわずかに上昇し、グローバル・バリュー・モメンタム（グローバルV/M）は期待どおりの数値だ。しかし、統計量を見ただけでは、どの程度「プログラムに従えばよいのか」は分からない。例えば、バリュー投資は長期的には素晴らしく見える。したがって、5年も続けてアンダーパフォームしているのに不屈の精神でバリュー戦略に従い続ける投資家もいる。しかし、ほとんどの投資家にとってこれは非現実的だ。モメンタムポートフォリオについて

も同じことが言え、長期にわたって胃が痛くなるほどのアンダーパフォームが続くポートフォリオもある。幸いにも、バリュー戦略とモメンタム戦略を組み合わせることで、各戦略を単独で使ったときの拷問を減少させることができる。

　バリュー戦略とモメンタム戦略のコンボポートフォリオが、長期的な期待パフォーマンスに対する痛みをどれくらい軽減できるのか調べてみることにしよう。私たちは、特定の戦略の5年ローリング年平均成長率のパッシブベンチマークに対するスプレッド（差）を調べてみた。調査対象は、コンボポートフォリオ、モメンタム戦略のみのポートフォリオ、バリュー戦略のみのポートフォリオである。結果は**図4.3**〜**図4.7**に示したとおりである。

　まず、米国から見てみよう（**図4.3**）。調査期間は1982年から2014年で、コンボポートフォリオはアスネスたちの論文にあるポートフォリオを用いた。バリュー戦略のみのポートフォリオとモメンタム戦略のみのポートフォリオは、ベンチマークをアンダーパフォームしている時期が複数ある。コンボポートフォリオはベンチマークをアンダーパフォームしている時期はあるが、そのほかの期間ではおおむね良好だ。

　次に、同じ期間における英国を見てみよう（**図4.4**）。バリューとモメンタムはベンチマークを大幅にアンダーパフォームしているが、コンボポートフォリオのアンダーパフォームは比較的小さい。

　欧州はどうだろう（**図4.5**）。パッシブインデックスのデータに制約があるため、調査期間は1999年から2014年までである。英国と同じように、コンボポートフォリオとベンチマークとのスプレッドはかなりスムーズだ。最近の期間においては特にスムーズだ。

　次は日本だ（**図4.6**）。調査期間は1982年から2014年までである。バリュー投資は素晴らしく良くて、モメンタム投資は脇役的存在だ。しかし日本でも、コンボポートフォリオはバリュー戦略とモメンタム戦略の陰と陽の関係を利用することで堅牢な長期アクティブアロケーシ

図4.3　５年ローリングスプレッド（米国）

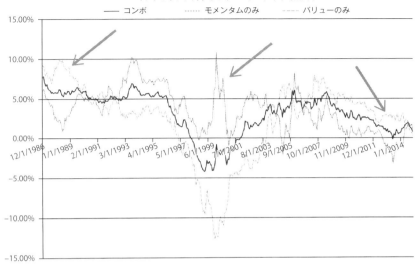

図4.4　５年ローリングスプレッド（英国）

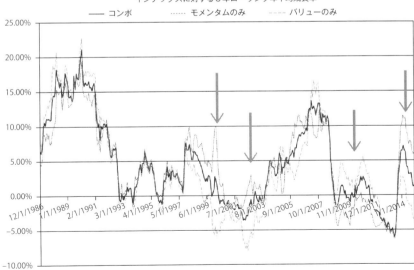

図4.5　５年ローリングスプレッド（欧州）

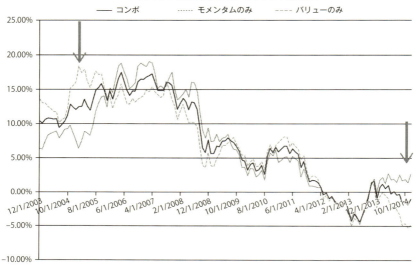

図4.6　５年ローリングスプレッド（日本）

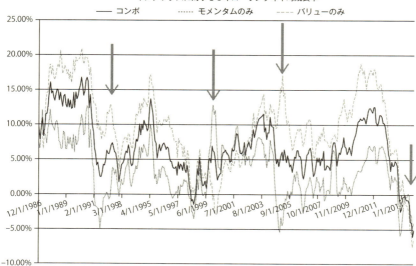

図4.7　５年ローリングスプレッド（グローバル）

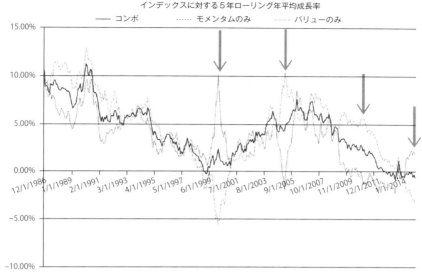

ョンを実現している。

　最後にグローバルなコンボポートフォリオ、グローバルなバリュー
ポートフォリオ、グローバルなモメンタムポートフォリオを比較して
みよう（**図4.7**）。調査期間は1982年から2014年までである。これは、
バリュー戦略とモメンタム戦略を１つのシステムとして組み合わせる
ことで、アクティブな投資家は長期にわたってベンチマークを打ち負
かすことができることを示している（グローバルなバリューポートフ
ォリオとは、米国、英国、欧州、日本のバリューポートフォリオの均
等加重ポートフォリオである。グローバルなモメンタムポートフォリ
オも同様である。グローバルなコンボポートフォリオは、グローバル
なバリューポートフォリオとグルーバルなモメンタムポートフォリオ
の均等加重ポートフォリオである）。

　これらの結果から分かることは、バリュー戦略とモメンタム戦略を

組み合わせたコンボポートフォリオは、バリューのみの投資家やモメンタムのみの投資家を長期的な悪いパフォーマンスの苦しみから解放するということである。もちろん、すべての痛みがなくなるわけではなく、投資家はたとえグローバルに分散化したコンボポートフォリオといえども、長引く高いボラティリティやアンダーパフォームには常に注意しなければならない。

まとめ

　本章ではバリュー戦略とモメンタム戦略を組み合わせることのメリットについて見てきた。バリュー戦略もモメンタム戦略もそれぞれにメリットはあるが、これら2つを組み合わせることで、バリュー戦略のメリットもモメンタム戦略のメリットも享受することができる。バリュー戦略とモメンタム戦略の相関は低く、このため、グローバルなコンボポートフォリオを構築することで、長期アクティブ投資家は長期にわたってパッシブな時価加重指数を打ち負かすための解決策を得ることができる。分析はすべて、学術文献で確立された一般的なバリューイクスポージャーと一般的なモメンタムイクスポージャーを使って行った。第2部では、一般的なモメンタム戦略を論理的にかつ実証的に改善するにはどうすればよいかについて見ていく。

第 **2** 部 モメンタムベースの銘柄
選択モデルの構築

Building a Momentum-BAsed Stock Selection Model

第1部では、モメンタムが持続可能な銘柄選択手法として使える可能性がある理由について説明した。用いたのは、過去12カ月（最後のまたは最も直近の月は除く）にわたるリターンが比較的高い銘柄のポートフォリオを構築する一般的なモメンタム戦略である。モメンタムは機能するにはするが、この形態のモメンタムは極めて原始的だ。そこで第2部では、銘柄選択モメンタムについてもっと掘り下げた分析を行い、モメンタムプレミアムをとらえる効果的かつ効率的方法である定量的モメンタムの構築方法について見ていく。第5章の「モメンタム戦略構築の基礎」は一般的なモメンタム投資の基本について説明する。第6章の「モメンタムの最大化 —— 重要なのは経路」では、経路の依存性を分析することで一般的なモメンタム戦略を差別化する方法について説明する。第7章の「モメンタム投資家は季節性を知っておくべき」では、モメンタム投資の季節性について議論する。第8章の「定量的モメンタムは市場を打ち負かす」では、これまでの発見を統合し、定量的モメンタム戦略について詳述し、ヒストリカルな結果を詳しく分析する。最後に第9章の「実践で機能するモメンタム戦略を作る」では、モメンタム投資の実践について見ていく。

モメンタム戦略構築の基礎

「確実に言えることは、金融市場は常に間違っているということである」──ジョージ・ソロス（『ソロスの錬金術』［総合法令出版］）

　第1部は、私たちに重大なメッセージを残した。「すべての投資家はモメンタムを使うことを考えるべきである」。そして、モメンタム戦略を実行する可能性の最も低いバリュー戦略に忠実な投資家にとって、バリューポートフォリオをモメンタム戦略で補完すれば、大きなメリットを得ることができるという逆説的な命題が成立するということである。おそらくこのことは最終的には最善の策になるだろうし、バリュー戦略とモメンタム戦略を1つのシステムとして組み合わせれば、なぜポートフォリオの期待リターンを長期的かつ良好に上げ続けることができるのかを説明するものでもある。各投資の宗派は厳格すぎて、異質なアイデアを受け入れるのには時間がかかる。バリュー戦略とモメンタム戦略の神学論争と決別できるのであれば、あるいは少なくとも筋金入りのバリュー投資家の好奇心に訴えることができたのであれば、そろそろわれわれの手を汚してでも、実践で使えるモメンタムアプローチを構築するときではないだろうか。本章を次の3つのステップに分けて、この問題に取り組むことにしよう。

●一般的なモメンタムの算出方法
●ルックバックウィンドウ（観察期間の長さ）がモメンタムに及ぼす影響

●ポートフォリオの構築方法がモメンタムに及ぼす影響

本章ではこれからこれら3つのステップを詳しく説明していく。

一般的なモメンタムの算出方法

株式の「モメンタム」はどう測定すればよいのだろうか。簡単な方法は、一定のルックバック期間（観察期間。例えば、過去12カ月間）にわたる株式のトータルリターン（配当を含む）を算出するというものだ。

簡単な例を使って概念を説明しよう。用いるのは2014年のアップルのトータルリターンである。まず、アップルの過去12カ月間（ルックバック期間）にわたる累積リターンを計算する。そのためには、まず各月の純利益に1を加えて、総利益に変換する。例えば、アップルの1月の純利益が−10.77％だったとすると、1月の総利益は0.8923（−0.1077＋1）になる。

次に、各月の総利益を掛け合わせて、1を指し引いたものが12カ月の複利での累積純利益になる。例えば、2014年のアップルのデータを使って、12月の累積リターン（モメンタムスコア。**表5.1**を参照）を計算してみよう。

$$(0.8923) \times (1.0575) \times (1.0200) \times (1.0994) \times (1.0787) \times (1.0277) \times (1.0287) \times (1.0775) \times (0.9829) \times (1.0720) \times (1.1060) \times (0.9281) - 1 = 40.62\%$$

2014年のアップルの実績は良かったようだ。ちなみに、2014年の株価指数の上昇率は13.46％だ。異なるルックバック期間でも同様の計算を行うことができる。例えば、過去1カ月のトータルリターンは−7.19

表5.1　アップルの12カ月モメンタムの例

	株式リターン	1＋リターン	モメンタム
2014/01/31	-10.77%	0.8923	
2014/02/28	5.75%	1.0575	
2014/03/31	2.00%	1.0200	
2014/04/30	9.94%	1.0994	
2014/05/30	7.87%	1.0787	
2014/06/30	2.77%	1.0277	
2014/07/31	2.87%	1.0287	
2014/08/29	7.75%	1.0775	
2014/09/30	-1.71%	0.9829	
2014/10/31	7.20%	1.0720	
2014/11/28	10.60%	1.1060	
2014/12/31	-7.19%	0.9281	40.62%

％になるといった具合だ。そのほかのルックバック期間（例えば、過去３カ月、過去36カ月、過去５年［60カ月］）でも、同様の計算を行うことができる。この計算は、価格リターン流列のある株式なら、どんな株式ででも可能だ。

　特定の期間における一般的なモメンタムの算出方法が分かったところで、カギとなるルックバック期間のモメンタムを見てみよう。

３つのタイプのモメンタム

　本セクションでは、リターンがモメンタムを算出するのに用いるルックバック期間にどう影響されるかを調べてみることにしよう。このトピックについては学術研究者がすでに詳しく考察している。３つのカギとなるルックバックウィンドウは以下のとおりである。

１．短期モメンタム（例えば、ルックバック期間は１カ月）

２．長期モメンタム（例えば、ルックバック期間は５年 ［60カ月］）

３．中期モメンタム（例えば、ルックバック期間は12カ月）

　本セクションの最後に登場するのは中期モメンタムだが、それには理由がある。本書の残りでは中期モメンタムを中心に見ていくことになるからである。

短期モメンタム

　短期モメンタムは、最大で１カ月の期間にわたって測定したモメンタムスコアのことを言う。1990年に書かれた２つの学術論文は、短期モメンタムについて分析したものだ。

　最初の論文はブルース・レーマンによって書かれたもので、これはルックバック期間が１週間の株式リターンが、彼のサンプル期間（1962年～1986年）にわたって、翌週のリターンにどのような影響を与えるかを調べたものだ。論文のタイトルは「Fads, Martingales, and Market Efficiency」[1]で、彼はこのなかで、前の週にリターンが正（勝者）だった証券の翌週のリターンは通常、負（平均で週 −0.35％ ～ −0.55％）になり、前の週にリターンが負（敗者）だった証券の翌週のリターンは通常、正（平均で週0.86％～1.24％）になると結論づけている。リターンのこの「短期リバーサル」は、効率的市場仮説（EMH）とは相いれないものだ。

　２番目の論文はナラシムハン・ジェガディーシュによって書かれたもので、これは1934年から1987年にわたる月々の株式リターンについて調べたものだ。論文のタイトルは「Evidence of Predictable Behavior of Security Returns」[2]で、ブルース・レーマンと同様、リターンリバーサル（前月の勝者は翌月の敗者になり、前月の敗者は翌月の勝者になる）を観測している。これは非常に重要な効果だ。前月の勝者の翌

表5.2　短期モメンタムポートフォリオのリターン（1927〜2014年）

	短期敗者ポートフォリオ	短期勝者ポートフォリオ	S&P500	無リスク資産
年平均成長率	13.46%	3.21%	9.95%	3.46%
標準偏差	29.60%	24.18%	19.09%	0.88%
ダウンサイドリスク	20.36%	16.83%	14.22%	0.48%
シャープレシオ	0.46	0.11	0.41	0.00
ソルティノレシオ（最小受容リターン＝5％）	0.59	0.06	0.45	-3.34
最大ドローダウン	-81.48%	-94.31%	-84.59%	-0.09%
最悪の月のリターン	-32.66%	-31.27%	-28.73%	-0.06%
最良の月のリターン	55.85%	63.65%	41.65%	1.35%
利益の出た月の割合	60.13%	56.06%	61.74%	98.01%

月の平均リターンは−1.38％で、前月の敗者の翌月の平均リターンは1.11％だった。2つのポートフォリオのこの2.49％という差は、効率的市場仮説とは相いれないものだ。

　私たちは、ダートマス大学の教授であるケン・フレンチのデータ[3]を使って、1927年1月1日から2014年12月31日までの短期敗者ポートフォリオ（短期リターンの十分位数の低い、時価加重リターン）、短期勝者ポートフォリオ（短期リターンの十分位数の高い、時価加重リターン）、S&P500トータルリターン指数、無リスクリターン（90日物Tビル）の月々のリターンを調べてみた。ここでの過去の短期パフォーマンスとは前月のパフォーマンスである。結果は表5.2に示したとおりである。リターンはすべてトータルリターンで、配当の再投資を含み、手数料込みの数値である。

　データは理論を実証するものだった。短期リバーサルは存在する、しかも長い履歴にわたって。表5.2の結果を見ると、月々のリターンにもリバーサルが存在することが分かる。1927年から2014年までの、前

図5.1　短期モメンタムポートフォリオのリターン

100ドル投資したときの価値（対数目盛）

―― 短期敗者ポートフォリオ　　――― 短期勝者ポートフォリオ　　…… S&P500　　‐‐ 無リスク資産

月に最悪のリターンだった株式（短期敗者）のポートフォリオを毎月
リバランスしたものの年平均成長率（CAGR）は13.46％で、前月に最
良のリターンだった株式（短期勝者）のポートフォリオを毎月リバラ
ンスしたものの年平均成長率はわずか3.21％だった。前月の勝者のリ
ターンは無リスクリターンさえ下回っている。**図5.1**は短期敗者ポー
トフォリオが短期勝者ポートフォリオをアウトパフォームしているこ
とを示すグラフである。

　しかし、証拠はここでは終わらない。これら2つの論文に加え、も
っと最近の研究ではもっと複雑な分析が行われた[4]。カギとなる論点は
同じである。「短期勝者は近い将来の敗者となり、短期敗者は近い将来
の勝者となる」。一般に、モメンタムを短期で測定すると、近い将来に
はリターンリバーサルが予想されることが分かる。

長期モメンタム

　モメンタムを測定する別の方法は、もっと長期のルックバック期間を使ってパフォーマンスを評価するというものである。ワーナー・デボンとリチャード・セイラーはこの概念を「Does the Stock Market Overreact?」[5]という論文のなかで分析している。論文では過去の長期勝者と長期敗者の将来のリターンについて分析が行われている。勝者と敗者の測定には３年から５年のルックバックウィンドウが使われている。最初の検証は1933年から1980年までの期間にわたって行われ、36カ月のルックバックウィンドウを使って過去の勝者ポートフォリオと敗者ポートフォリオのパフォーマンスをトラッキングしている。結果は、次の３年では「敗者」は「勝者」を24.6％アウトパフォームするというものだった。このパフォーマンスの差は注目に値する。

　さらに、５年のルックバックウィンドウを使って同様の分析が行われた。将来のリターンを調べてみると、次の５年では、過去の敗者は過去の勝者を31.9％アウトパフォームした。過去の敗者（長期モメンタムを使ったとき）が過去の勝者をアウトパフォームするのは明らかである。

　私たちは、短期リバーサルを調査したときと同じデータベースを使って、長期敗者ポートフォリオ（長期リターンの十分位数の低い、時価加重リターン）、長期勝者ポートフォリオ（長期リターンの十分位数の高い、時価加重リターン）、S&P500トータルリターン指数、無リスクリターン（90日物Ｔビル）の1931年１月１日から2014年12月31日までのリターンを調べてみた。過去の長期パフォーマンスは前の５年（60カ月）にわたって測定した。ただし、個々の株式リターンの５年にわたるデータが必要だったため、開始日は1927年から1931年に変更した。結果は**表5.3**に示したとおりである。リターンはすべてトータルリターンで、配当の再投資を含み、手数料込みの数値である。

表5.3　長期モメンタムポートフォリオのリターン（1931〜2014年）

	長期敗者ポートフォリオ	長期勝者ポートフォリオ	S&P500	無リスク資産
年平均成長率	14.30%	8.59%	10.13%	3.46%
標準偏差	30.37%	21.95%	18.92%	0.90%
ダウンサイドリスク	17.98%	16.23%	13.91%	0.47%
シャープレシオ	0.47	0.33	0.43	0.00
ソルティノレシオ（最小受容リターン＝５％）	0.70	0.35	0.46	3.35
最大ドローダウン	-71.24%	-72.80%	-74.48%	-0.09%
最悪の月のリターン	-40.77%	-34.10%	-28.73%	-0.06%
最良の月のリターン	91.98%	30.74%	41.65%	1.35%
利益の出た月の割合	58.04%	58.83%	61.71%	97.92%

　表5.3の結果を見ると、長期リターンにもリバーサルが存在することが分かる。過去５年にわたって最悪のリターンを示した株式を毎月リバランスしたポートフォリオの1931年から2014年までのリターンの年平均成長率は14.30％で、過去５年にわたって最良のリターンを示した株式を毎月リバランスしたポートフォリオの1931年から2014年までのリターンの年平均成長率は8.59％だった。**図5.2**は長期敗者ポートフォリオが長期勝者ポートフォリオをアウトパフォームすることを示したグラフである。

　これらの文献と私たちの結果を見ると分かるように、長期モメンタムも短期モメンタム同様、将来的にはリターンリバーサルが発生する。長期リバーサルがなぜ発生するのかは謎で、学術研究者たちの間では、原因は行動バイアスなのか、追加リスクなのか、マーケットフリクション（例えば、キャピタルゲイン税）なのかで議論が起こっている[6]。最後に中期モメンタムについて見ていくことにしよう。このモメンタムは将来的なトレンドで、リバーサルを伴わないモメンタムである。

図5.2　長期モメンタムポートフォリオのリターン

100ドル投資したときの価値（対数目盛）

―― 長期勝者ポートフォリオ　―― 長期敗者ポートフォリオ　…… S&P500　－－ 無リスク資産

中期モメンタム

　中期モメンタムを調べるために、ルックバック期間が6カ月から12カ月のポートフォリオを構築した。結果は、リターンリバーサルを伴う短期モメンタム（例えば、ルックバック期間は1カ月）や長期モメンタム（例えば、ルックバック期間は60カ月）とは異なるものだった。中期モメンタムでは、勝者は勝ち続け、敗者は負け続ける。中期モメンタムに関する最もよく知られた論文は、ナラシムハン・ジェガディーシュとシェリダン・ティトマンが1993年に書いた論文で、タイトルは「Returns to Buying Winners and Selling Losers : Implications for Stock Market Efficiency」[7]である。つまり、過去にパフォーマンスが比較的良かった銘柄は将来的にも良い、ということである。

　モメンタム戦略（過去の勝者を買い、過去の敗者を売る）は中期（3

カ月から12カ月）でうまくいくことを彼らは示した。彼らはこの効果をJカ月／Kカ月戦略（過去Jカ月のトータルリターンに基づいて銘柄を選択し、ポジションをKカ月間保有する。J＝3、6、9、12、K＝3、6、9、12）を使って検証した。

　結果は、中期モメンタムを使ったとき、リターンは「継続」するというものだった。彼らの論文のなかでの最良の戦略は、過去12カ月のパフォーマンスに基づいて銘柄を選択し、ポジションを3カ月間保有する戦略だった。次の3カ月における過去の勝者と過去の敗者のリターンの平均月次スプレッドは1.31％（年次換算ではおよそ16％）だった。しかし、中期モメンタムポートフォリオの超過リターンは長続きしないことも発見した。例えば、最初に構築してから12カ月を超えて同じ銘柄を保有するポートフォリオのモメンタムプレミアムは消えてしまう。これらの結果から言えることは、中期ルックバック期間に基づいて算出したモメンタムポートフォリオを、長期のバイ・アンド・ホールド・ポートフォリオとして保有すれば、長期リバーサルが発生するということである。これは短期モメンタムや長期モメンタムの結果と同じである。市場が企業の短期予測（例えば、決算発表）に関する情報に過小反応し、長期予測に関する情報に対して過剰反応したときに、中期モメンタム効果は発生するのかもしれないとジェガディーシュとティトマンは述べている。

　私たちは短期リバーサルと長期リバーサルを調べるときに使ったデータを使って、中期勝者ポートフォリオ（中期リターンの十分位数の高い、時価加重リターン）、中期敗者ポートフォリオ（中期リターンの十分位数の低い、時価加重リターン）、S&P500トータルリターン指数、無リスクリターン（90日物Tビル）の1927年1月1日から2014年12月31日までのリターンを調べてみた。ただし、過去の中期パフォーマンスは、最後の月のリターンを除く前年のリターンである。したがって、2015年12月31日の大引けでトレードするポートフォリオを構築する場

表5.4　中期モメンタムポートフォリオのリターン（1927～2014年）

	中期勝者ポートフォリオ	中期敗者ポートフォリオ	S&P500	無リスク資産
年平均成長率	16.86%	-1.48%	9.95%	3.46%
標準偏差	22.61%	33.92%	19.09%	0.88%
ダウンサイドリスク	16.71%	21.97%	14.22%	0.48%
シャープレシオ	0.66	0.02	0.41	0.00
ソルティノレシオ（最小受容リターン＝5％）	0.79	-0.05	0.45	-3.34
最大ドローダウン	-76.95%	-96.95%	-84.59%	-0.09%
最悪の月のリターン	-28.52%	-42.26%	-28.73%	-0.06%
最良の月のリターン	28.88%	93.98%	41.65%	1.35%
利益の出た月の割合	63.16%	51.42%	61.74%	98.01%

合、2015年12月のリターンは無視して、2014年12月31日の大引けから、2015年11月30日までの大引けまでのトータルリターンを計算するということになる（短期モメンタムのリバーサルを回避するため）。結果は**表5.4**に示したとおりである。リターンはすべてトータルリターンで、配当の再投資を含み、手数料込みの数値である。

　表5.4の結果を見ると、中期リターンは継続することが分かる。過去1年にわたり（最後の月は除く）、最良のリターンを示した株式のポートフォリオを毎月リバランスしたポートフォリオの1927年から2014年までの年平均成長率は16.86％で、過去1年にわたり（最後の月は除く）最悪のリターンを示した株式のポートフォリオを毎月リバランスしたポートフォリオの年平均成長率は－1.48％だった。過去1年（最後の月は除く）の敗者のリターンは無リスクリターンを下回っているだけでなく、マイナスである。**図5.3**は中期勝者ポートフォリオが中期敗者ポートフォリオをアウトパフォームしていることを示したものだ。

図5.3　中期モメンタムポートフォリオのリターン

100ドル投資したときの価値（対数目盛）

— 中期敗者ポートフォリオ　— 中期勝者ポートフォリオ　⋯⋯ S&P500　— 無リスク資産

　結果からは、中期モメンタムに基づいて構築されたポートフォリオ
のリターンは継続することが分かる。つまり、中期の過去に高いパフ
ォーマンスを示した株式は将来的にも高いパフォーマンスを示し、中
期の過去に低いパフォーマンスを示した株式は将来的にも低いパフォ
ーマンスを示すということである。しかし、前にも述べたように、中
期モメンタム株をバイ・アンド・ホールドするだけでは、リターンの
この「継続」効果は得られない。リバランス頻度がこのアプローチに
かかわる異常リターンをとらえることができるようなポートフォリオ
を構築する必要がある。次のセクションでは、リバランス頻度やポー
トフォリオサイズといったポートフォリオの構築方法が中期モメンタ
ム戦略にどういった影響を与えるかを見ていく。

モメンタムポートフォリオの構築方法が重要なわけ

　ジェガディーシュとティトマンの論文は、モメンタムアノマリーの観点から見たときのポートフォリオの構築方法の重要性を指摘している。保有期間やリバランス頻度がモメンタムポートフォリオのパフォーマンスに大きな影響を与えることを、彼らは見いだしたのだ。取引コストを無視すれば、一般に、ポートフォリオのリバランス頻度が高いほど、パフォーマンスは向上する。本セクションでは、ポートフォリオの構築方法が中期モメンタムに与える影響について掘り下げて調べていく。本書の残りは中期モメンタムを中心に見ていく。なぜなら、中期モメンタムは研究者が最も興味をそそられる特異なモメンタムだからである。

　ポートフォリオの構築方法がパフォーマンスに与える影響を調べるにあたり、1927年から2014年までの500の大手企業を調べてみることにする。私たちは過去12カ月（最後の月は除く）にわたる月々のモメンタムを計算してみた。この計算方法は以前に行ったケン・フレンチのやり方と同じで、データも前に使ったものと同じである。前と違うのは、中期モメンタムの計算では最後の月を除くという点だけである。これは短期リバーサルが発生しないようにするためだ。最も直近の月を含めてしまうと、モメンタムのノイズが増え、シグナルの効果は減少してしまう。

　前に行ったアップルのデータ（**表5.1**）を使って、中期モメンタムを計算してみよう（最後の月は除く）。

$$(0.8923) \times (1.0575) \times (1.0200) \times (1.0994) \times (1.0787) \times (1.0277) \times (1.0287) \times (1.0775) \times (0.9829) \times (1.0720) \times (1.1060) - 1 = 51.51\%$$

　この上の計算と前の計算との唯一の違いは、この計算では最後の月のリターンを含んでいない点である（この例では、12月のリターンは含めない）。最後の月のリターンを含むことは経験的にも理論的にも理にかなってはいるが、結果に大差はない。モメンタムの計算に最も直近の月を含めても、結果はほとんど変わらない。しかし、本書の残りでは、中期モメンタムを計算するときには最も直近の月は除く。

　次の検証では、2つの要素を変えながらポートフォリオを構築していく。まずは、ポートフォリオの銘柄数を変えてリターンを検証する。ポートフォリオのサイズは50〜300銘柄まで変化させる。次に、ポートフォリオを構築したあとの保有期間を変えてリターンを検証する。保有期間は1カ月から12カ月まで変化させる。

　モメンタムに基づいて、毎月、上位N個の銘柄を選ぶ。Nは50、100、150、200、250、300と変えていく。これらの銘柄をTカ月間保有する。Tは1から12まで変えていく。

　保有期間が1カ月を超えるポートフォリオについては、オーバーラッピングポートフォリオを作成する。オーバーラッピングポートフォリオを、3カ月の保有期間を使う例で説明しよう。例えば、2014年12月31日に資産の3分の1を使って高モメンタム銘柄を買う。これらの銘柄を2015年3月31日まで保有する。そして、2015年1月31日に資産のもう3分の1を使って高モメンタム銘柄を買う。これらの銘柄を2015年4月30日まで保有する。そして、2015年2月28日に、資産の残りの3分の1を使って高モメンタム銘柄を買う。これらの銘柄を2015年5月31日まで保有する。このプロセスを毎月繰り返す。したがって、ポートフォリオの2015年2月28日から2015年3月31日までのリターンは、2014年12月31日、2015年1月31日、2015年2月28日に買った銘柄のリターンを合算したものになる。これがオーバーラッピングポートフォリオだ。オーバーラッピングポートフォリオを作成する目的は、季節性を最小化するためである。本書の残りでは、保有期間が1カ月を超

えるポートフォリオについては、特に明記しないかぎり、オーバーラッピングポートフォリオを使うものとする。モメンタムの計算に直近の月を含んでも含まなくても結果に大差はないのと同様に、オーバーラッピングポートフォリオを使っても、もっと標準的な「バイアンドバランス」ポートフォリオを使っても、結果は大きく変わることはない。

　分析期間は1927年1月1日から2014年12月31日までである。結果はすべて手数料込みで、リターンはすべてトータルリターンで、配当の再投資を含むものとする。**表5.5**は時価加重ポートフォリオの年平均成長率を示したものだ。時価加重とは、各銘柄のポートフォリオにおけるウエートを会社のサイズ（時価総額）に基づいて重み付けすることを言う。したがって、時価加重では、大型株（時価総額の大きな銘柄）のウエートは大きく、小型株（時価総額の小さな銘柄）のウエートは小さくなる。超小型株がポートフォリオに与える影響を最小化するために、ポートフォリオには上位500の米国株のみを含める。

　結果を見ると、明確な傾向が分かる。「銘柄数が少なくて、リバランス頻度が高いほど、年平均成長率は高くなる」。理想的なポートフォリオは、集中度が高く（例えば、50銘柄）、毎月リバランスするポートフォリオ（保有期間は1カ月）である。もちろん、トレードコストも考慮しなければならない。トレードコストはリターンに大きな影響を与える可能性がある。そこで、トレードコストの問題を解決するために、毎月ではなくて四半期ごとにリバランスする（したがって、年12回ではなくて年4回トレードする）集中モメンタムポートフォリオを調べてみることにしよう（オーバーラッピングポートフォリオは実際のトレードでは必要ではない）。1927年から2014年までのこのトレード頻度の低い（四半期ごとにリバランスする）集中ポートフォリオの年平均成長率は15.15％だった。大きなリターンはあきらめなければならないが、トレード頻度は低い。取引コスト（あとで議論する）にもよるが、

表5.5　保有期間とポートフォリオに含む銘柄数を変化させたときのモメ
　　　　ンタムポートフォリオのリターン（1927～2014年）

	50銘柄	100銘柄	150銘柄	200銘柄	250銘柄	300銘柄	ユニバース（500銘柄）
保有期間1カ月	17.02%	14.40%	13.55%	12.69%	12.07%	11.50%	9.77%
保有期間2カ月	16.05%	14.17%	13.23%	12.59%	11.98%	11.43%	9.77%
保有期間3カ月	15.15%	13.81%	12.93%	12.25%	11.74%	11.23%	9.77%
保有期間4カ月	14.54%	13.53%	12.78%	12.11%	11.63%	11.21%	9.77%
保有期間5カ月	14.37%	13.31%	12.62%	12.04%	11.57%	11.17%	9.77%
保有期間6カ月	13.93%	13.05%	12.37%	11.88%	11.46%	11.10%	9.77%
保有期間7カ月	13.68%	12.80%	12.11%	11.66%	11.33%	10.99%	9.77%
保有期間8カ月	13.38%	12.58%	11.89%	11.48%	11.19%	10.90%	9.77%
保有期間9カ月	12.94%	12.24%	11.60%	11.23%	11.01%	10.77%	9.77%
保有期間10カ月	12.62%	11.93%	11.37%	11.03%	10.85%	10.66%	9.77%
保有期間11カ月	12.21%	11.61%	11.12%	10.81%	10.68%	10.52%	9.77%
保有期間12カ月	11.78%	11.27%	10.83%	10.58%	10.48%	10.36%	9.77%

　毎月リバランスする期待リターンの高いポートフォリオと、四半期ご
とにリバランスする取引コストの低いポートフォリオとの間のトレー
ドオフを考えればよいだろう。

　毎月リバランスするポートフォリオと四半期ごとにリバランスする
ポートフォリオのトレードコストの詳細が分からないので、どちらが
勝者なのかは分からない。しかし、これらのポートフォリオと半年ご
とにリバランスする200銘柄からなる分散化ポートフォリオを比較すれ
ば、どの構築方法が良いのかはもっとはっきりするはずだ。この低頻
度の「多様化」ポートフォリオの年平均成長率はわずか11.88％である。
このポートフォリオとリバランス頻度がもっと高い集中ポートフォリ
オのリターンの差は、年に3％を超える。年1回リバランスし、高度
に希薄化された（例えば、300銘柄）モメンタム戦略の場合、相対パフ
ォーマンスはさらに悪くなる。

　これらのモメンタム戦略のリバランスコストが1リバランスにつき

0.50％だとすると、四半期ごとにリバランスする50銘柄からなるポートフォリオの年平均成長率は15.15％から13.15％（４トレード×0.50％）になるだろう。同様に、年２回リバランスする200銘柄からなるポートフォリオの年平均成長率は11.88％から10.88％になるだろう（２トレード×0.50％）。集中型でトレード頻度が高いリバランスポートフォリオのほうが年平均成長率は2.27％高い。

　前の分析に取引コストを含めるのは簡単だ。また、トレードコストを考えるときは、リバランス頻度とポートフォリオの構築方法のメリットを考える必要がある。レスモンド、シル、チョウの2004年の論文では、このテーマについてさらに掘り下げた議論が行われている。彼らは、トレードコストを考慮すれば、モメンタム戦略の利益は幻想にすぎなくなると言う[8]。コラージチャイクとサッカもこの問題について調べているが、彼らが重視したのはマーケットインパクトコストだ。彼らはモメンタム戦略の能力は限定的で、およそ50億ドルの効果しかないと見積もっている[9]。しかし、この論文やそのほかの論文を受けて、アンドレア・フラツィーニ、ロン・イスラエル、トビー・モスコウィッツは大手投資運用会社AQRの１兆ドルに上るトレードの実データを使った研究結果を発表した[10]。フラツィーニたちによれば、モメンタム戦略の利益は取引コストには影響されず、前の研究で使った推定取引コストは実際の取引コストよりおそらくは10倍くらい高かったのではないかと言う。フラツィーニたちのあとも取引コストの分析は行われ、2015年のフィッシャー、シャー、ティトマンの研究では、2000年から2013年までの推定買い気配値と売り気配値のスプレッドを使って、モメンタム戦略のトレードコストについて調査している[11]。彼らの出した結論は、彼らが「推定したトレードコストは、フラツィーニ、イスラエル、モスコウィッツの報告よりもかなり高く、レスモンド、シル、チョウとコラージチャイク、サッカの報告よりもやや少ない」というものだった。取引コストを巡る議論は白熱しているが、取引コス

トを差し引いてもモメンタムは存在するが拡張性には限界がある、ということで意見は一致している。

　ポートフォリオに含まれる銘柄数、保有期間、リターンの間には何らかの関連性があるのは明らかだ。結果は均等加重ポートフォリオとほとんど同じである（均等加重ポートフォリオは年平均成長率は若干高いが、パターンは似ている）。もちろん、アクティブ戦略を実装するときには取引コストは考慮すべき重要な要素になる。しかし、重要なポイントは2つだ。

● **リバランス頻度**　ポートフォリオに含まれる銘柄数を一定にすると、保有期間が短いほど、つまり、ポートフォリオを頻繁にリバランスするほど、年平均成長率は高くなる。
● **多様化を防ぐ**　保有期間を一定にすると、ポートフォリオに含まれる銘柄数が少ないほど、年平均成長率は高くなる。

　何十億という資産を運用するアセットマネジャーにとって、彼らの運用規模を考えると、高い回転率を必要とするより効果的なモメンタム戦略を追求するうえで、上記の結果は邪魔なものでしかないため、彼らにとってはこれらの結果はそれほど魅力的には映らないだろう。しかし、持続可能なアクティブフレームワークの観点から考えると、モメンタムポートフォリオは頻繁にリバランスし、集中型ポートフォリオとして保有すべきであるということが分かっただけでも素晴らしい成果だ。これらの特徴は、巨大な資本プールにとって裁定は高くつくことを意味する。したがって、リバランス頻度の高いモメンタムアノマリーには長い寿命が期待できるということになる。

まとめ

　本章では一般的なモメンタムの計算方法について詳しく説明した。ま
ず、よく使われるモメンタム戦略には3つのタイプがある——①短期
ルックバックモメンタム、②中期ルックバックモメンタム、③長期ル
ックバックモメンタム。短期と長期のモメンタムポートフォリオでは
リターンリバーサルが発生するが、中期モメンタムポートフォリオで
はリターンは継続する。投資アプローチとして最も説得力があり堅牢
なのは中期モメンタムである。最後に、中期モメンタムポートフォリ
オの効果を決定するうえでは、ポートフォリオの構築方法が重要なカ
ギを握ることについて述べた。中期モメンタムポートフォリオの効果
を最大化するには、適度な集中型ポートフォリオにすることと、頻繁
なリバランスを行うことが重要であるという結論に達した。このあと
の章では、一般的な中期モメンタムを改善する方法について見ていき
たいと思う。

モメンタムの最大化
── 重要なのは経路

> 「……リターンが何日もかけて徐々に蓄積していく間、情報の流れは途切れない」 ── ツイー・ダとウミット・G・グルンとミッチ・ワラチュカ[1]

　第5章では、強い中期モメンタムシグナルを持つ株式は、過去12カ月（最も直近の月は除く）の累積リターンで測定すると、リターンは継続することを確認した。この傾向は複数の時間枠と複数のアセットクラスでも観測された。この実証的事実を踏まえれば、当然とも言える疑問が生じる ── 私たちは一般的な中期モメンタムインディケーターよりもうまくやれるのか。この目標を達成する方法を見つけるのは難しい。最適化リスクとデータマイニングリスクが高いときには、特にそうである。しかし、学術研究者たちはこの問題に取り組み、一般的なモメンタムアルゴリズムを改善する方法を見いだした。同時に、モメンタムの向上は、モメンタムが存在するための理論的な行動基盤と関係があることも示した。つまり、モメンタムの改善は証拠に基づいた拡張であり、それはいいかげんなデータマイニングによってではなく、継続可能な能動的方法によって実現される。

　私たちは1年以上にわたって、モメンタム銘柄選択戦略に関するありとあらゆる研究を調査し、一般的なモメンタム戦略を向上させるカギとなる方法の1つは、モメンタム株の時系列的特徴に焦点を当てることであるという結論に達した。つまり、モメンタム株がモメンタム株として分類されるようになる経路を見る必要があるということである（私たちが調査した競合するトップのアイデアに関する情報と私た

145

ちの分析については**付録A**を参照）。

　モメンタム株の経路依存性の重要性について例を使って説明しよう。1990年代の終わりに発生し、2000年に崩壊した「ITバブル」について考えてみよう。当時、モメンタムシグナルがバカげたほど高い多くの会社が存在し、投資家たちはIT株をとてつもなく高い価格で買う誘惑に逆らうことができなかった。2000年3月31日の時点（バブル崩壊の目前）でモメンタムの高かった2つの銘柄について調べてみることにしよう。

　最初の銘柄は、バイオ企業のアライアンス・ファーマスーティカル・コーポレーションだ。この会社は新製品のオクシジェント（手術中に組織に酸素を提供する）を売り出したいと思っていた。もう1つの銘柄は、インターナショナル・レクティファイア社で、1947年に設立されたパワーマネジメント半導体メーカーである。2000年3月31日現在、両銘柄ともに高モメンタム株に分類されていた。

　図6.1は2000年3月31日現在の、両社の過去12カ月のトータル累積リターンをプロットしたものだ。注目すべきポイントが2つある。1つは、2000年2月29日に引かれた垂直線だ。一般的なモメンタムの計算では最も直近の月は含まないため、中期モメンタムは2000年2月29日まで測定した。2000年2月29日の時点で、アライアンスのリターンは過去1年で554％上昇し、インターナショナル・レクティファイアは498％上昇している。両銘柄とも、バリュー投資家の最悪の悪夢を反映しているが、モメンタム投資家の夢を反映している。

　注目すべきもう1つのポイントは、これら2つの銘柄はたどった経路が異なることである。チャートを見てみると、高モメンタムに至るまでのインターナショナル・レクティファイアのたどった経路はスムーズだが、アライアンスの経路はでこぼこしている。この観測は客観的に数値化することができる。2つの銘柄がほぼ同じモメンタムを達成したとすると、正のリターンの日の割合と負のリターンの日の割合

図6.1　アライアンスとインターナショナル・レクティファイアの過去の
　　　　パフォーマンス

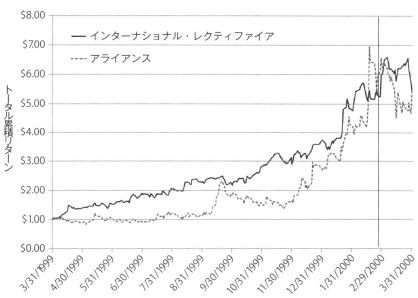

を比較することで、どれくらいでこぼこで、どれくらいスムーズかを
測定することができる。モメンタムがスムーズな銘柄は正のリターン
の日の割合が高く、負のリターンの日の割合が低いことが予想できる。
これを1年間にわたって測定すると、アライアンスは正のリターンの
日の割合は49％で、負のリターンの日の割合は43％だったのに対し、イ
ンターナショナル・レクティファイアは正のリターンの日の割合は55
％で、負のリターンの日の割合は40％だった（前日の終値と変わらず
の日があるため、割合を足し合わせても100％にはならない）。

　目視的にも定量的にも、インターナショナル・レクティファイアの
ほうがリターン流列はスムーズであることが分かる。ここで問題にな
るのが、スムーズな高モメンタム株は、でこぼこの高モメンタム株を
アウトパフォームするのか、ということである。この結果を示したも

図6.2　アライアンスとインターナショナル・レクティファイアの将来の
　　　　パフォーマンス

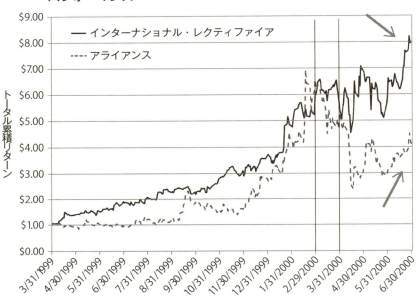

のが**図6.2**である。

　図6.2は両銘柄の次の３カ月間のリターンを示したものだ。次の３
カ月では、インターナショナル・レクティファイアは46.9％上昇し、ア
ライアンスをアウトパフォームしている。これに対して、アライアン
スは24.7％下落している。もちろん、これら２つの銘柄は、スムーズ
な高モメンタム株はでこぼこの高モメンタム株をアウトパフォームす
る傾向があることを示すために入念に選んだものだが、本章の終わり
には、モメンタムの経路依存性が重要であることは納得してもらえる
と思う。モメンタムのこの時系列的特徴は、市場参加者の振る舞いに
ついての重要な情報を含んでおり、この振る舞いを利用して、モメン
タム戦略を向上することができるのである。それはなぜなのかを理解
するために、「宝くじのような」銘柄のパフォーマンスを調べてみるこ

とにしよう。これらの銘柄はでこぼこの高モメンタム株に似たリター
ン特性を持っているため、多くの市場参加者からの「宝くじ」の当選
金に対する要求を鎮めることができる。

宝くじ銘柄のパフォーマンス

　だれしもギャンブルは大好きだ。特に大穴を狙いたがる。スロット
マシンの前で煙草をふかしながら、ラム酒とコーラを胃の中に流し込
むのを楽しむのは退職者だけではない。私たちはラスベガスとアトラ
ンティックシティーでギャンブルをして大金をすったことがある。も
っと分別を持たなければならなかったのに。

　読者は、なんでギャンブルの話なんてするのだろうと思っているこ
とだろう。

　ニック・バーベリスは「A Model of Casino Gambling」[2]という論文
のなかで、人々はなぜカジノに行くのか、カジノに行くとどんな行動
を取るのか、について論じている。ギャンブルのよく知られた利点（つ
まり、楽しいということ）はさておき、バーベリスの理論の背景にあ
る前提は、ほかの何かが働いている、というものだ。つまり、人間は
確率の低いイベントに対しては成功する可能性を正しく測定すること
ができないということである。換言すれば、人間は宝くじに当たる確
率を過大評価するということである。

　しかし、場所がカジノから株式市場に変わっても、人間の行動は変
わらない。トゥラン・G・バリ、ヌスレット・チャキチ、ロバート・
F・ホワイトローは「Maxing Out : Stocks as Lotteries and the Cross-
Section of Expected Returns」[3]という論文のなかで、宝くじ銘柄のパ
フォーマンスについて分析している。彼らは、投資家は宝くじのよう
なギャンブルに見境なく過大な価格を払い、勝つ確率を現実以上に見
積もるため、宝くじのような株式はリスク調整ベースではアンダーパ

フォームするという仮説を設けた。

　この仮説を検証するために、バリたちはまず、つい最近極端な動きをした株式を、「宝くじ」銘柄として分類した。次に、この宝くじ銘柄の将来のパフォーマンスを分析した。彼らは、投資家はごく最近極端なリターンを示した株式を「宝くじ銘柄」とみなし、ファンダメンタルバリューを超えた価格で買う、を基本的な前提とした。どういった銘柄を宝くじ銘柄とみなすかについては、前月の日々の最大リターン（「MAX」）に基づいて株式をランク付けした。

　彼らが宝くじ銘柄をどのように分類したのか例を見ていくことにしよう。今日は2017年1月31日で、ユニバースは2つの銘柄からなると仮定しよう。2つの銘柄は、ファストマネー社とボアリングマネー社（ティッカーはそれぞれFASTとSLOW）だ。投資家は宝くじ銘柄に過大な価格を支払うという仮定に基づき、2017年2月1日にロング・ショート・ポートフォリオを構築する。FASTの過去1カ月における日々の最大リターンは50％で、SLOWは1％だ。したがって、2月1日のポートフォリオは、FAST（宝くじ銘柄）を売って、SLOW（宝くじ銘柄ではない銘柄）を買う。

　表6.1は論文からの結果を抜粋したものだ（MAX［過去1カ月における日々の最大リターン］に基づいてランク付けした10のポートフォリオの平均月次リターン）。上位の十分位数（「10」）は「宝くじ」銘柄を示し、下位の十分位数（「1」）は「退屈」銘柄を示している。

　それほど悪くないようだ。退屈銘柄を買い、宝くじ銘柄を売るポートフォリオは1カ月に1.03％のリターンを上げている。年次換算ではおよそ12％だ。さらに、マーケットイクスポージャーであるベータ（β）と、リターンのドライバーであるサイズ、バリュー、モメンタムの計4つのファクターを使ったモデルで見たアルファは1カ月に1.18％で、年次換算すると14.2％である。実行コストは無関係なので結果には含めていない。この戦略はポートフォリオ構築のための実践的ア

表6.1　宝くじ銘柄のリターン

	平均月次リターン（時価加重ポートフォリオ）	4ファクターアルファ（時価加重ポートフォリオ）	平均MAX
1　（退屈銘柄）	1.01%	0.05	1.30
2	1.00%	0.00	2.47
3	1.00%	0.04	3.26
4	1.11%	0.16	4.06
5	1.02%	0.09	4.93
6	1.16%	0.15	5.97
7	1.00%	0.03	7.27
8	0.86%	-0.21	9.07
9	0.52%	-0.49	12.09
10（宝くじ銘柄）	-0.02%	-1.13	23.60
ロング・ショート（1 − 10）	1.03%	1.18	

プローチとして推奨するわけではなく、市場参加者は宝くじ銘柄をミスプライスする傾向があることを強調するために使っているだけである。

　いわゆるベータアノマリーは宝くじバイアスで説明がつくかもしれない。学術研究によれば、低ベータ銘柄は高ベータ銘柄をアウトパフォームする傾向がある[4]。この研究結果は注目に値するが、ちょっと異例だ。なぜなら、理論的アセットプライシングモデルでは、マーケットリスクに対するイクスポージャーが大きい銘柄（つまり、高ベータ銘柄）は、マーケットリスクに対するイクスポージャーが小さい銘柄（つまり、低ベータ銘柄）に比べると、期待リターンは大きいことが予想されているからだ。バリたちのワーキングペーパー[5]はベータと宝くじに対する需要との関係について研究したものだ。この論文のなかで、彼らはベータアノマリーは投資家の宝くじ銘柄に対する選好によって説明がつくかもしれないと言っている。バリたちの論文からのデータ

と結果を示したものが**表6.2**である。

　表6.2では、まず全銘柄をベータに基づいて10の十分位数に分類し、次に各十分位数で、ポートフォリオを「宝くじ」ランキングに基づいて十分位にランク付けした。その結果のうち、最上位と最下位のベータ十分位数のパフォーマンスを記載した。平均的には、高ベータ銘柄は低ベータ銘柄をアンダーパフォームしているが、これはいわゆる「低ベータアノマリー」を反映したものである。しかし、この平均結果は宝くじランキングとは一致しない。低ベータの退屈銘柄のリターンは、高ベータの退屈銘柄のリターンを下回る。これは、高ベータ銘柄は低ベータ銘柄よりもリスクが高いため、期待リターンも高いとする金融理論と一致する。つまり低ベータ銘柄が高ベータ銘柄よりもリターンが高い特異な結果は、宝くじの性質を持つ銘柄によるものなのである。宝くじの性質は高ベータ銘柄で特に顕著だ。例えば、高ベータ十分位数のなかでは、「宝くじ」ランキングが上昇すると、平均リターンは単調に減少するという関係が見られる。彼らはこの問題をさらに研究し、高ベータ銘柄が低ベータ銘柄に比べてパフォーマンスが低いのは、投資家の宝くじ株に対する需要によって説明できるかどうかを検証してみた。人間心理を考えれば、結果はそれほど驚くには当たらない。高ベータ銘柄のパフォーマンスが低いのは、その宝くじ的性質に主な原因があった（宝くじバイアスも低ベータアノマリーを説明するうえで有用だが、これについてはまたの機会に議論したいと思う）。

　モメンタム戦略に戻って、宝くじのような銘柄のリサーチがなぜ重要なのかを考えてみよう。バリたちの論文「Maxing Out」で議論されている証拠によれば、投資家は宝くじのような銘柄は避けたほうが良いように思える。どの高モメンタム株を買えば良いのかを決めるとき、この知識をアルゴリズムに含むべきである[6]。一般に、スムーズなモメンタム経路を持つ高モメンタム株は、でこぼこの経路を持つ銘柄に比べると、宝くじバイアスによるミスプライシングに陥る可能性は低い。

表6.2　平均月次リターン——ベータと「宝くじ」でランク付け

	低ベータ十分位数	高ベータ十分位数
1　（退屈銘柄）	0.35%	1.04%
2	0.75%	0.86%
3	0.73%	0.82%
4	0.85%	0.77%
5	0.95%	0.69%
6	0.97%	0.46%
7	1.03%	0.15%
8	0.91%	0.06%
9	0.46%	-0.31%
10（宝くじ銘柄）	-0.01%	-1.07%
ロング・ショート（1 − 10）	-0.36%	-2.11
ロング・ショート・アルファ（4ファクター）	-0.83%	-2.14%

　宝くじ銘柄と高ベータ銘柄を関連づけた研究にも注目すべきである。前にも述べたように、宝くじタイプの銘柄を避けるのは良いことだが、高ベータ銘柄も避けるのはどうなのだろうか。この問題を解決するにあたって、まずはベータについておさらいしておこう。ベータとはボラティリティ、つまりシステマティックリスクを測定したものにほかならない。一般に、スムーズな価格経路を持つ高モメンタム株のベータは低く、でこぼこの価格経路を持つ高モメンタム株のベータは高い。したがって、スムーズな価格経路を持つモメンタム株に重点をおくことで、ある程度は、価格の高い一般的なモメンタム株を苦しめる宝くじバイアスを避けることができる。

　結論は、と言うと、宝くじバイアスは市場のミスプライシングの一因になっているということである。宝くじとみなされる銘柄は、投資家がファンダメンタルバリュー以上の価格で買うため、パフォーマンスは悪いのが普通だ。宝くじバイアスはいろいろな代理統計量で測定

することができる。MAXの計算方法とベータについてはすでに議論したが、これらの測度は私たちが避けるべき銘柄を割り出すのに役立つ。そのほかの変化形もたくさんあり、同じような結果が導きだされるが、一歩下がって大局的に見ると、私たちがやろうとしていることは、市場参加者の振る舞いについての情報を収集するために、株式の価格経路の性質を見いだすことである。次のセクションでは、モメンタム利益への経路こそが真の経路であることについて見ていく。

モメンタム利益への経路

　カエルを水の中に入れることを考えてみよう。カエルを熱湯の入った鍋のなかに入れると、カエルはすぐに飛び出すはずだ。しかし、カエルを常温の水の入った鍋に入れ、水の温度を徐々に沸点まで上げていくと、カエルは水の中にとどまり、最後には料理されてしまう。少なくとも仮想的なカエルの話では、最終的な結果にとって重要なのは、水温の変化の過程である。

　興味深いことに、水温が徐々に変化するときのカエルの反応は、株価が徐々に変化するときの投資家の反応に似ている。例えば、株価がいきなり100%上昇する（カエルを熱湯の入った鍋のなかに入れる）と、この急上昇した銘柄は投資家の注目を集め、株価はほぼ適正価格に戻るのが普通だ。しかし、株価が徐々に上昇して、最終的に100%上昇する（水温が沸点まで徐々に上昇する）と、投資家はこういった株価の動きにはあまり注目しないため、株価はファンダメンタルバリュー以下の価格になる。これを心理学の言葉で言うと、「注意力の限界」と言う。上記の例においては、カエルも人間も注意力の限界に陥っているわけである。注意力の限界とは、人間の認知力は限られた資源であり、私たちの脳は任意の時点で最も関連のある情報を処理することに集中することを言う。「最も関連のある」ものは何なのかを決定するのは非

常に難しい。しかし、心理学の研究によれば、ほかの条件が一定だとすると、環境の劇的変化は、小さな変化に比べると、より多くの認知資源を引きつける[7]。

2014年、ツイー・ダ、ウミット・G・グルン、ミッチ・ワラチュカは緩やかな情報拡散に対する投資家の注意力の限界について調査した。彼らは、モメンタムアノマリーと何らかの関係があるという仮説を立てた。彼らは鍋の中のカエル仮説を次のように記述している。

> めったに起こらないような劇的な変化よりも、頻繁に起こる緩やかな変化のほうが注意力は散漫になる。したがって、投資家は継続的な情報に対しては過小反応する。

一連の実証分析を行った結果、彼らは興味深い結論に達した —— モメンタムの経路依存性を重視したモメンタム戦略は、より強力なモメンタム効果を生みだす。つまり、鍋の中のカエル仮説は裏付けが取れたわけである。さらに、モメンタムアノマリーはポジティブなニュースに対する過小反応によって生みだされるとするバーベリスたちの1998年の論文にある行動に関する議論も裏付けられたわけである[8]。

ダ、グルン、ワラチュカらは、小さいシグナルの相対頻度を測定する情報離散性（ID）の代理的測度を考案した。大きな情報離散性は情報の離散を意味し、小さな情報離散性は情報の継続を意味する。過去のリターンが高い過去の勝者にとって、正のリターンのパーセンテージが高い（正のリターンのパーセンテージ＞負のリターンのパーセンテージ）ということは、小さな正のリターンがたくさん発生することを意味する。情報離散性の公式は以下のとおりである。

情報離散性（ID）＝過去のリターンの符号×（負のリターンのパーセンテージ－正のリターンのパーセンテージ）

　ダたちは彼らの仮説を検証するために、ポートフォリオを連続的に
ダブルソート（2つの異なる基準に順にソート）した。最初は12カ月
の形成期間にわたるリターン、つまり「一般的なモメンタム」[9]に基づ
いて分類した。そして次に、これらのモメンタムポートフォリオに含
まれる銘柄を、1927年から2007年のサンプル期間にわたる情報離散性
変数に基づいて分類した。論文から最も関連性のある結果を表にした
ものが**表6.3**である。これは、異なるレベルの情報離散性を持つ、高
モメンタム株を買って低モメンタム株を売るポートフォリオの6カ月
の保有期間にわたるリターンを示したものである。

　結果は驚くべきものだ。6カ月の保有期間で見ると、ロング・ショ
ート・モメンタムポートフォリオは継続情報を持つ銘柄の5.94%から、
離散情報を持つ銘柄の−2.07%まで単調に減少している。3ファクタ
ーアルファも、継続情報を持つロング・ショート・ポートフォリオの
8.77%から、離散情報を持つロング・ショート・ポートフォリオの−
2.01%まで減少している。この差は10.78%（年次ベースでは20%を超
える）で、非常に有意なt統計量である。

　第5章の分析によれば、高頻度でリバランスするモメンタム戦略は
高いパフォーマンスを示すことが分かっている。彼らは論文のなかで
この問題について調べている。**図6.3**は、ロング・ショート・モメン
タムポートフォリオ（継続情報を持つポートフォリオと離散情報を持
つポートフォリオ）のポートフォリオ構築後の1カ月から10カ月まで
の月々のアルファの推定量を示したものだ。結果は鍋の中のカエル仮
説と一致する。モメンタム効果の大部分は継続的モメンタムで説明が
つく。重要なポイントは以下のとおりである。

1.　利益の向上　継続情報を持つロング・ショート・モメンタムポー
　　トフォリオの3ファクターアルファは、離散情報を持つロング・

表6.3　ロング・ショート・モメンタムポートフォリオの「鍋の中のカエル」
の結果

ID レベル	リターン	３ファクターアルファ
1　（離散情報）	-2.07%	-2.01%
2	0.64%	3.53%
3	3.12%	5.05%
4	4.36%	6.71%
5　（継続情報）	5.94%	8.77%
継続－離散	8.01%	10.78%

図6.3　鍋の中のカエルポートフォリオのアルファ

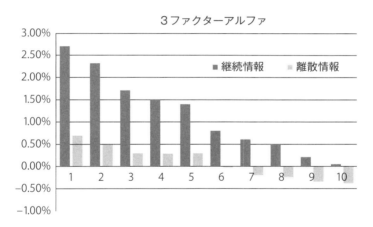

ショート・モメンタムポートフォリオよりも高い。

２．利益の持続　継続情報を持つロング・ショート・モメンタムポー
トフォリオの利益は長く持続する（保有期間を延長することがで
き、利益もそれほど大きく減少することはない）が、離散情報を
持つロング・ショート・モメンタムポートフォリオの利益は持続
性はなく一時的。

　高モメンタムの状態を達成する経路の性質を数値化することで、モメンタムアノマリーは大きく向上し、注意力の限界を利用することに重点を置くことができる。この結論は鍋の中のカエル論文では示されていないが、経路に焦点を当てたモメンタムアルゴリズムのパフォーマンスが向上するのは、市場参加者の宝くじの選好に関連する行動バイアス（前の「宝くじ銘柄のパフォーマンス」を参照）を間接的に利用したためだと私たちは考えている。

　この論文の著者は、モメンタムアノマリーを理解するうえでのカギは注意力の限界であるのはなぜなのかを実証するというきめ細かな仕事をしているが、この概念を実証的に調査したのは彼らだけではない。例えば、ホン、リム、シュタインは2000年の論文で、モメンタム利益はアナリストがあまり取材しない小型株で大きいことを実証している[10]。彼らは、アナリストがあまり取材しない小型株はあまり注意を引かない銘柄の代理になり、したがって、モメンタム利益は大きいことが予想されると述べている。ディスポジション効果（値上がり銘柄を早期に売却する一方で、値下がり銘柄を保持し続ける傾向）も過小反応において一定の役割を果たしていると思われる。この理論はシェフリンとスタットマンの1985年の論文[11]のなかで述べられており、多くの実証論文でも立証されている[12][13]。

　これらに加え、私たちも検証を行った。その結果、高モメンタムポートフォリオを注意力以外の測度——例えば、出来高[14]（多いと注意を引く）——で分類すると、似たような結果が得られた。次は、情報離散性測度を私たちの株式ユニバースに組み込んだらどうなるかを調べていくことにしよう。

結果

　第5章では、一般的なモメンタムプレミアムは時間とともに減少す

るため、頻繁にリバランスする必要がある（例えば、毎月リバランスするポートフォリオは年1回リバランスするポートフォリオをアウトパフォームする）ことについて述べた。しかし、リバランスを頻繁に行えば、フリクショナルコストが増加する。妥協案として、本セクションでは、四半期に1回リバランスするポートフォリオについて調べてみよう。分析するのは、第5章で説明したオーバーラッピングポートフォリオ（四半期に1回リバランスする）である。調査対象は、中型株と大型株のみである（中型株と大型株を分類するのには、NYSE［ニューヨーク証券取引所］の上場企業の時価総額の40百分位数を使う）。ポートフォリオは時価加重ポートフォリオで、1927年1月1日から2014年12月31日までのリターンに基づいて構築する（均等加重で構築したポートフォリオのパフォーマンスはもっと高くなる）。

表6.4の3列目「一般的なモメンタム」では、全銘柄を過去12カ月（直近の月は省く）の累積リターンに基づいて分類し、最上位の十分位数に含まれる銘柄を、時価総額ウエートで買ったポートフォリオのパフォーマンスを示している。次に、この一般的なモメンタムの高い銘柄ポートフォリオを高クオリティーモメンタム（1列目）と低クオリティーモメンタム（2列目）に分類する。モメンタムの「クオリティー」とは、ダ、グルン、ワラチュカの論文にある情報離散性（ID）、つまり鍋の中のカエル測度を意味する。高クオリティーモメンタムの銘柄は、継続情報を持つ銘柄で、低クオリティーモメンタムの銘柄は、離散情報を持つ銘柄である。3列目のポートフォリオを情報離散性に基づいて半々に分けたものが1列目と2列目のポートフォリオである。**表6.4**のリターンは手数料込みの数値である。

結果は、高モメンタム銘柄のなかで、高クオリティー、つまり「スムーズ」なモメンタム（継続情報を使って測定）を持つ銘柄は、非常に高い相対パフォーマンスを示すというダ、グルン、ワラチュカの論文の結果に一致した。これに対して、低クオリティー、つまり「でこ

表6.4　ポートフォリオのクオリティーによる年次リターン

	高クオリティー・モメンタムポートフォリオ	低クオリティー・モメンタムポートフォリオ	一般的なモメンタムポートフォリオ	S&P500
年平均成長率	17.14%	13.02%	15.56%	9.95%
標準偏差	23.45%	25.16%	23.61%	19.09%
ダウンサイドリスク	16.98%	18.71%	17.42%	14.22%
シャープレシオ	0.65	0.48	0.59	0.41
ソルティノレシオ （最小受容リターン＝5％）	0.81	0.56	0.71	0.45
最大ドローダウン	-74.60%	-77.44%	-73.90%	-84.59%
最悪の月のリターン	-29.23%	-34.71%	-30.00%	-28.73%
最良の月のリターン	30.63%	37.15%	33.88%	41.65%
利益の出た月の割合	62.50%	61.08%	61.84%	61.74%

ぼこ」のモメンタムを持つ銘柄は株価指数をアウトパフォームするものの、パフォーマンスは低い。この結果から言えることは、一般的なモメンタム効果は高クオリティーモメンタムによって発生し、低クオリティーモメンタムによって希薄化される、ということである。高クオリティーモメンタムと低クオリティーモメンタムの差は大きい。数十年（1927年～2014年）にわたる高クオリティーモメンタム（１列目）と低クオリティーモメンタム（２列目）の差は年４％を超える。この差は**図6.4**のグラフで見ることができる。また、高クオリティーモメンタムポートフォリオはリスク調整済みリターン（シャープレシオとソルティノレシオ）も高く、ドローダウンは小さい。すべてのモメンタム戦略はS&P500をアウトパフォーム（手数料差し引き前）しているが、重要なポイントは、効果的なモメンタム戦略を構築しようと思ったら、そのモメンタムに達するまでの経路を考慮する必要があるということである。

図6.4　ポートフォリオのクオリティーによるリターン

100ドル投資したときの価値（対数目盛）

凡例:
- 高クオリティー・モメンタムポートフォリオ
- 低クオリティー・モメンタムポートフォリオ
- 一般的なモメンタムポートフォリオ
- S&P500

まとめ

　本章は、ITバブルのときに「一般的な」モメンタムの高かった2つ
の銘柄のパフォーマンスの例から始まった。この例から、「スムーズ
な」モメンタム経路を持つ銘柄は、「でこぼこの」モメンタム経路を持
つ銘柄よりも、将来的なパフォーマンスは高いことが分かった。次に、
この例が市場のシステマティックな効果を反映している2つの理由に
ついて調べてみた。まず最初に、投資家は非合理にも宝くじのような
株——つまり、でこぼこの価格経路を持つ株——を好むのはなぜかを
考えてみた。結局、これらの株は価格が高すぎるため避けるべきであ
るという結論に達した。次に、ダたちが提示した「鍋の中のカエル」
の注意力の限界仮説——投資家は継続情報には過小反応する傾向があ
る——について調べてみた。この仮説が正しいことを立証するために、
著者は、スムーズな価格経路を持つ高モメンタム株はでこぼこの価格

161

経路を持つ高モメンタム株をアウトパフォームするという証拠を示した。ダたちの分析を私たちは独自に分析してみたが、結論は同じだった。この分析の結果、モメンタムに到達する経路が戦略の有効性を決めることが分かった。スムーズな経路はボラティリティの高い経路よりも好ましい。「クオリティー」モメンタムを見つけることによって、良い高モメンタム株と悪い高モメンタム株を見分けることができるというこの結果は、行動心理学によって説明することができる。

●宝くじのような銘柄に関連するミスプライシングを避けよ。
●システマティックな過小反応につながる注意力の限界を利用せよ。

モメンタム投資家は季節性を
知っておくべき

> **「……惑星の位置と太陽の黒点活動は、アノマリーによるリターンを予測する大きな力を持っている」** —— ロバート・ノービ・マルクス[1]

　株式市場においての季節性とは、カレンダー（暦）に基づいてタイミングシグナルを生成することを言う。金融ニュースを見ると、季節性についての話が必ず出てくる。相場格言の1つに、「5月に売って、どこかへ出かけろ」というものがある。これは、米国株式は11月から4月にかけて上昇する傾向があるので、6月になる前に売って、11月に再び買え、という意味である。しかし、ノービ・マルクスが2014年に書いた論文「Predicting Anomaly Performance with Politics, the Weather, Global Warming, Sunspots, and the Stars」[2]では、重要なことが指摘されている。「季節性について言われることは疑ってかかったほうがよい」と。さらに、チェリー・チャンとベン・ヤコブセンは、300年以上にわたる英国株式市場のデータを見直して、季節性効果の論文は十分な疑いの目をもって見るべきである、と結論づけている[3]。しかし、最新のデータとリサーチテクニックを用いたマッティ・ケロハルジュ、ジュハニ・リンナインマー、ピーター・ナイバーグの論文では、株式市場リターンの季節性はどのアセットクラスにも存在し、長期にわたって持続し、非常に大きいものだ、と書かれている[4]。高いレベルにおいては、季節性は筋が通っている —— 機関投資家のインセンティブや行動学上のインセンティブは、強力な季節性効果を生みだす

供給・需要ショックを発生させる可能性がある。本章では、ウィンドウドレッシングや税制上の優遇措置効果について考える。

　しかし、そもそも私たちはなぜ季節性を話題にするのだろうか。また、季節性はモメンタム投資とどういった関係があるのだろうか。5年前、私たちは季節性をモメンタム投資と関連づける「独自の」アイデアに取り組み始めた。私たちは、ウィンドウドレッシングと節税目的での売却は、季節性にとらわれないモメンタム戦略の利益を最大化するのに利用することができる、という仮説を立てた。数々の実証テストを行い、データをまとめた結果、驚くべき結果が出た。私たちと同じアイデアに関する先行研究は、ザ・ジャーナル・オブ・ファイナンス、ジャーナル・オブ・ファイナンシャル・エコノミクス、レビュー・オブ・ファイナンシャル・スタディーズといったいわゆる一流の学術経済誌では見つけることができなかった。最終チェックとして、学術研究者が「堅苦しくない」雑誌と呼んでいる雑誌、つまり実践家向け雑誌（例えば、ファイナンシャル・アナリスト・ジャーナルやザ・ジャーナル・オブ・ポートフォリオ・マネジメントなど）をチェックしてみた。これらの雑誌をチェックしたのは正解だった。リチャード・サイアスが2007年に私たちが出した結果と同じ結果をファイナンシャル・アナリスト・ジャーナルですでに発表していたのである[5]。学術研究者としては新しいアイデアを発表したかったので、最初はがっかりしたが、同時に、私たちのモメンタムに関する季節性分析が、第三者によって立証されていた――すでに発見されていた――ことを知り、満足感もあった。要するに、サイアスは私たちよりも先に列の先頭に並んでいたということである。彼のアイデアには心から賛同する。しかし、彼の論文の結果を真に理解するためには、市場のインセンティブを掘り下げて考えてみる必要がある。私たちはまずウィンドウドレッシングと節税目的での売却の背景にある動機を分析し、次にこれらがモメンタム投資にとってなぜ重要なのかを考える。

ウィンドウドレッシング

　小売業の世界では、ウィンドウドレッシング（ショーウィンドウの飾りつけ）とは、商品をできるだけ魅力的に見せるように配置することを言う。実際の商品はショーウィンドウで見るほど良くはなくても、客を店に引き寄せるためにウィンドウドレッシングは非常に効果的だ。金融サービス業でもファンドマネジャーは同じ概念を使う。

　ウィンドウドレッシングの概念が使われ始めたのは、経済研究が正式に始まったころである。この言葉に馴染みがない読者のために説明すると、ウィンドウドレッシングとは、金融のプロが未熟な顧客をあざむき、気まぐれな彼らを満足させるために行う行動のことを言う。アメリカン・エコノミック・レビューは最も古く最も定評のある経済学術雑誌の１つで、発刊されたのは1911年のことである。本誌の第１号で、有名な経済学の教授で外国政府のアドバイザーも務めていたエドウィン・ケミアアーは、年末のニューヨークのマネーマーケットを記述するのにウィンドウドレッシングという言葉を使っている[6]。

　ウィンドウドレッシングは実践ではどう使われるのだろうか。ファンドマネジャーは証券の保有状況を四半期報告書で報告しなければならず、この報告書は顧客に送付される。しかし、パフォーマンスの芳しくないマネジャーは、市場をアンダーパフォームする負け株を保有していることを顧客には知られたくない。つまり、彼らは人々が見る「ウィンドウ」に負け株があるのを投資家に見せたくないのである。そこでマネジャーは、報告書の発表日直前に、負け株を売って、最近の勝ち株をすべて買い、報告書を良く見せようとする。報告書は従来の小売店の「ウィンドウ」のようなものだ。これでウィンドウは魅力的に見えるようになる。

　もちろん、ウィンドウドレッシングをやったからと言って、悪いパフォーマンスが良くなるわけではなく、物事をよく分かっている顧客

はだませないが、ファンドマネジャーとしてはうまくやったと見せかけて、顧客が報告書を受け取ったときに質問攻めにされないようにしたいわけである。例えば、ITバブルが崩壊したあとの2002年のある顧客とファンドマネジャーの間の２つのシナリオを考えてみよう。

●**シナリオ１**　「これは何だぁ～？　10％もアンダーパフォームしてるじゃないか。ペッツ・ドットコムだって？　大幅に値下がりした株じゃないか……どうしてこんな株を保有してるんだ？　バカじゃないのか？」

●**シナリオ２**　「これは何だぁ～？　10％もアンダーパフォームしてるじゃないか。でも、バークシャーハサウェイを保有しているね。これは安定したバリュー株で上昇している。まぁ、運の悪いこともあるさ。よくやったね」

マネジャーにとって望ましいシナリオは２であることは明らかだ。

確かに、このシナリオは素晴らしいが、コソコソとした投資信託のファンドマネジャーが実際にウィンドウドレッシングを行ったという証拠はあるのだろうか。著者のなかには、ウィンドウドレッシングは単なる逸話であって、実態はないと考える者もいる。例えば、ガン・フー、デビット・マクリーン、ジェフ・ポンティフ、チンハイ・ワンは、機関投資家のウィンドウドレッシングを示す証拠はないと述べている[7]。これに反対の意見の者もいる。マルチン・カクペルチック、クレメンス・シャルム、ルー・ツェン著「Unobserved Actions of Mutual Fund Managers」[8]を見てみよう。彼らはリターンギャップという測度を考案して、ウィンドウドレッシング問題に取り組んでいる。リターンギャップとは、投資信託の実現リターンと、四半期報告書で最も最近開示されたバイ・アンド・ホールド・ポートフォリオのリターンとの差を測定したものだ。リターンギャップの目的は、その名が示すよ

うに、投資信託のマネジャーの気づかれない行動を見つけることである。データが示すように、気づかれない行動のなかには価値を創造するもの（例えば、マネジャーの銘柄選択スキル）もあれば、価値を破壊するもの（例えば、ウィンドウドレッシング戦術）もある。各ファンドにとって、価値の創造と破壊は時を超えて永続的に存在するように思われる。残念ながら、リターンギャップは比較的原始的な測度で、正確に測るには制御すべき変数が多すぎるため、ウィンドウドレッシングを突き止めるにはもっと良い検証方法が必要になる。

　デビット・ソロモン、ユージン・ソルテス、デニス・ソシューラは、ウィンドウドレッシング効果を調べるための優れた検証を行った[9]。彼らが特に注目したのは、マスコミの注目が資金の流れとウィンドウドレッシングに与える影響である。彼らが出した結論は次のとおりである。「投資家は過去のリターンが高かった株を保有するファンドを褒めるが、それはこれらの株が最近メディアの注目を浴びたときだけである」。したがって、注目度の高い勝ち株を保有しているファンドは、注目度の低い勝ち株を保有しているファンドよりも、資金の流れを引きつける。このことを分かっている投資信託のファンドマネジャーは、ウィンドウドレッシングへの経済的インセンティブを持っていると言えよう。ウィンドウドレッシングを行えば、運用資産が増えることをデータは示している。

　ウィンドウドレッシングはえたいの知れない代物だ。できれば蔓延しないことを望むばかりである。しかし、ジア・ホー、リリアン・ウン、チンハイ・ワンは2004年の論文で、さまざまな機関投資家のウィンドウドレッシング行為について調査している[10]。彼らの結果はウィンドウドレッシング仮説を裏付けるものだった。外部マネーマネジャー（例えば、銀行、生命保険会社、投資信託、投資アドバイザー）として活動する機関投資家は、内部マネーマネジャー（例えば、年金ファンド、大学、寄付基金）として活動する機関投資家よりも、ポート

フォリオをウィンドウドレッシングする傾向がある。済んだ問題を議論するつもりはないが、ヴィカス・アガーワル、ジェラルド・ゲイ、ロン・リンは、もっと最近の2014年の論文[11]で次のように述べている。「ウィンドウドレッシングはスキルがなく、パフォーマンスの悪いマネジャーがやるものだ。……ウィンドウドレッシングは価値を破壊するものであり、将来的なパフォーマンスは低下するという結論に達した」

　集められた証拠とファンドマネジャーのインセンティブによれば、ウィンドウドレッシングは投資信託の風景の一部であるように思える。ウィンドウドレッシングは運用資産残高の増加につながるという研究結果もある。だから、投資信託のマネジャーはウィンドウドレッシングをやりたがるのである。このあと、ウィンドウドレッシングがモメンタム投資にとってなぜ重要なのかについて見ていくが、その前に税金が動機となるトレードについて見ていくことにしよう。

税金が動機となるトレード

　シドニー・B・ワクテルは1942年、税金が12月から1月までの株式リターンに季節性をもたらす要因について論文を発表した[12]。さらに、マイケル・S・ロゼッフとウィリアム・R・キニー・ジュニアは1976年、ワクテルの考えをもっと徹底的に実証分析した論文を発表した[13]。ロゼッフとキニーは1904年から1974年までの株式リターンを調査した。彼らの出した結論は、「1月効果」、または「年明け効果」と呼ばれ、今でも効力を持っている。年明け効果は経験的に観測されるもので、株価が1月に上昇し、上昇率は統計学的にほかの月よりも高いことを言う。この効果を調査するに当たっては、この効果は年末の税制上の優遇措置が要因であるという仮説が設けられた。年末に節税目的で保有株を売却するのは直観的に理解できる。年末には含み損を確定したい課税対象者からの負の供給ショックが予想されるが、年明けには逆転

する。「税金仮説」は直観的には分かりやすいが、ワクテル、ロゼッフ、キニーのあとの研究では、この効果は複雑で、1990年代初期以降はほとんどなくなったと主張している[14]。

　税金誘導の季節性に疑問を抱いたのがリチャード・ロール[15]、ドン・カイム[16]、マーク・レインガナム[17]である。彼らは1983年に論文を発表した。そして、１月に大きなリターンが見られるのは主として小規模企業であり、これまで考えられていたように市場全体に当てはまるわけではない、と全員が同じ結論に達している。しかし、もっと最近のホンホイ・チェンとビジェイ・シンガルの研究[18]や、マーク・グリンブラットとトビアス・Ｊ・モスコウィッツの研究[19]では、より高度な実証テクニックを駆使して、税金と年明け効果の間には強力な関係があることを導き出している。

　しかし、どの投資家が節税による売却を駆動しているのだろうか。ジェイ・リッター[20]はこの問題を掘り下げ、年末・年始の個人投資家の売買について調査した。彼は個人投資家の買いと売りの比率を測定することで、個人投資家は年末に売り、年初に買う傾向があり、よって小型株を保有する傾向のある個人投資家については季節性パターンは存在すると結論づけた。ジェームズ・ポターバとスコット・ワイスベナー[21]も、節税による売却は機関投資家よりも個人投資家のほうが多いと述べている。機関投資家の多くは税金は払わず、したがって、税効果を気にすることなく売買の意思決定をすることができる（何とも羨ましいかぎりだ）ため、この結論には納得がいく。また1997年には、リチャード・サイアスとローラ・スタークス[22]が株式の年末・年始のリターンについて調べている。そして彼らは、個人投資家が関心を持つ株式のリターンは、機関投資家が関心を持つ株式のリターンを、12月の終わりにはアンダーパフォームし、１月の初めにはアウトパフォームする、と結論づけている。特定の株式のリターンの季節性は、機関投資家ではなくて、個人投資家の節税による株式の売却によるもの

のように思える。

　しかし、すべての研究が、節税による売却が年明け効果を生みだすと結論づけているわけではない。例えば、1983年、フィリップ・ブラウン、ドナルド・カイム、アラン・クレイドン、テリー・マーシュ[23]はオーストラリア株式市場のリターンについて調査している。当時、オーストラリアの税制はアメリカの税制と似ていた（ただし、税制年度は7月～6月）。オーストラリアの株式リターンは予想どおり7月のリターンに影響が見られたが、アメリカ市場と同じような1月効果も見られた。この調査結果からは、節税のための売却と年明け効果との因果関係はよく分からず、年明け効果を説明する何かほかの要因があるのではないかと思われる。結局、税制上の優遇措置と年末の季節性株式リターンとの間には何らかの関係があると思われるが、研究者はその関係をはっきりとは把握できていない。

偉大な理論 —— でも、なぜ私たちは気にしなければならないのか

　前に述べたウィンドウドレッシングと税金にかかわる季節性は学術界でも興味をそそるテーマだ。そこで、これらのインセンティブが、モメンタム戦略の向上につながる季節効果をどのようにして生みだすのかを考えてみることにしよう。前にも述べたように、機関投資家がウィンドウドレッシングを行う動機は、四半期が終わる前に過去に高い収益率を示した銘柄（勝ち銘柄）を買い、過去に低い収益率を示した銘柄（負け銘柄）を売るためである。この行動からは次のような仮説が導かれる。

●**仮説1**　ウィンドウドレッシングによって機関投資家の需要の流れが低モメンタム株から出ていき、高モメンタム株に流れ込むため、モ

メンタム利益は四半期の最終月で最も高くなる。

　季節性とモメンタムにかかわるもう１つの仮説は、課税対象となる投資家は、負け銘柄を売り、勝ち銘柄は年末まで保有することで、税金を最小化しようとする、というものだ。これより２番目の仮説が導かれる。

●**仮説２**　勝ち銘柄は売り圧力を受けることはなく、負け銘柄は売り圧力を受ける可能性が高いため、税制上の優遇措置によって12月のモメンタム利益は大きくなる。しかし、税金に関連するこうした流れは年明けには逆転する。

　ウィンドウドレッシング仮説と税金最小化仮説を考え合わせれば、四半期（３月、６月、９月、12月）終了前の月のモメンタム利益は大きくなるはずであり、特に年末（12月）前の月には利益は大きくなる。さらに、前の月からの税制上の優遇措置がなくなり、負け銘柄と勝ち銘柄に対する需要が通常レベルに戻る１月には（例えば、負け銘柄は正の需要ショックに見舞われ、勝ち銘柄は負の需要ショックに見舞われる）、モメンタム利益は小さくなるはずである。

　リチャード・サイアスは上記の概念をすべて検証した。その結果、モメンタムは非常に強い季節性アノマリーであることを裏付ける強力な証拠を得た[24]。モメンタム利益を評価するために、サイアスは、過去６カ月の保有期間に上位の十分位数だった株式を買い、過去６カ月の保有期間に下位の十分位数だった株式を売るロング・ショート・ポートフォリオを構築した。**図7.1**は彼の構築したロング・ショート・ポートフォリオの結果を示したものだ。

　1984年から2004年までのすべての月の平均月次利益は0.45％で、年次換算するとおよそ5.4％である。１月を除くすべての月の平均月次利

図7.1　モメンタムの季節性（1984～2004年）

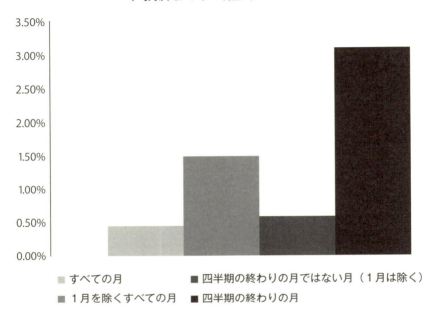

平均月次モメンタム利益（1984～2004年）

■ すべての月　　　　　　　　　■ 四半期の終わりの月ではない月（1月は除く）
■ 1月を除くすべての月　　　　　■ 四半期の終わりの月

益は1.50％で、年次換算では18％である。1月が問題月であることは
明らかだが、四半期を終える月もパフォーマンスに関係する。四半期
を終える月のモメンタム利益は月次平均で3.10％だが、四半期を終え
ない月（1月を除く）のモメンタム利益は月次平均で0.59％である。違
いは何と5倍である。機関投資家が売買する株式になるとパターンは
さらに強くなり（ウィンドウドレッシングインセンティブが高まるた
め）、12月は特に強かった（税制上の優遇措置に対するインセンティブ
が最強）。これらのことから明らかになったのは、モメンタム戦略を利
用する人は、季節性をアルゴリズムに組み込むべきだということであ
る。図7.1に示したロング・ショート・ポートフォリオの結果はウィ
ンドウドレッシング仮説と税金最小化仮説に一致する──「四半期の

終わり近くになると、マネジャーはポートフォリオをウィンドウドレッシングするので、勝ち銘柄は買われるのでパフォーマンスが良く、負け銘柄は売られるのでパフォーマンスが悪くなる」。また、12月はすべての月のなかでモメンタムリターンが最も高く、月次平均で5.52％である（ウィンドウドレッシングと税金圧力を反映している）。

　こうしてみると、季節性はモメンタムをベースとする銘柄選択戦略において重要な役割を果たしていることが分かる。このテーマに関する最終的なコメントはサイアスにゆだねることにしよう――「モメンタムリターンを利用しようとする投資家は、四半期を終える月を重視すべきである……」。次のセクションでは、サイアスの言葉に従って、もっとよい銘柄選択モメンタムシステムを構築するのに季節性をどのように利用すべきかについて見ていく。

モメンタムの季節性 —— 結果

　本セクションでは、2007年のサイアスの論文の結果を再現・拡張した分析を行う。ユニバースには1927年1月から2014年12月までのすべての中型株と大型株が含まれる。私たちは、第5章と第6章で使ったのと同様のテクニックを使って、四半期ごとにリバランスしたモメンタムポートフォリオの時価加重リターンを調べてみた。高モメンタム十分位数のポートフォリオと低モメンタム十分位数のポートフォリオの平均月次リターンは表7.1に示したとおりである。

　私たちの分析の結果は、サイアスの論文の結果にほぼ一致した。表7.1の「スプレッド（差）」の欄を見てみると、1月は、低モメンタムが高モメンタムをアウトパフォームしたので、大きな「マイナス」だった。低モメンタムポートフォリオと高モメンタムポートフォリオを比較すると、四半期を終える月は一般にリターンは高い。3月のモメンタム利益はプラスだが、同じ四半期のほかの月と比べたアウトパフ

表7.1　月ごとの平均リターン

	低モメンタムポート フォリオ	高モメンタムポート フォリオ	スプレッド（高モメン タム－低モメンタム）
1月	2.91%	1.19%	-1.72%
2月	-0.24%	1.65%	1.89%
3月	0.13%	1.86%	1.73%
4月	1.33%	1.85%	0.53%
5月	0.09%	0.82%	0.73%
6月	0.01%	1.56%	1.55%
7月	1.77%	1.21%	-0.56%
8月	1.96%	1.34%	-0.62%
9月	-1.63%	-0.20%	1.44%
10月	-0.54%	0.75%	1.28%
11月	0.67%	2.39%	1.71%
12月	0.19%	2.95%	2.76%

ォーマンス（高モメンタムポートフォリオ－低モメンタムポートフォリオ）は、6月、9月、12月に比べると低い。しかし、サイアスは論文のなかで次のように指摘している。「3月の結果はウィンドウドレッシング仮説を裏付けるものだ。なぜなら、機関投資家は暦年のもっと遅い時期までウィンドウドレッシングを行おうという気にはならないからだ」

　高モメンタムの平均月次リターンと低モメンタムの平均月次リターンの差をグラフ化したものが**図7.2**である。結果は数値的にもサイアスの結果に一致する。

　サイアスの結果を再現・拡張した私たちの分析によって、サイアスの結果は堅牢なものであることがはっきりした（私たちは海外市場でのデータでも検証を行い、サイアスと同様の結果を得た）。さて問題は、この知識をモメンタム戦略の構築にどう生かすことができるかである。1月はモメンタムにとって大きな「マイナス」の月なので、避けるべ

図7.2　1974年から2014年までのモメンタムスプレッド

スプレッド（高モメンタム－低モメンタム）

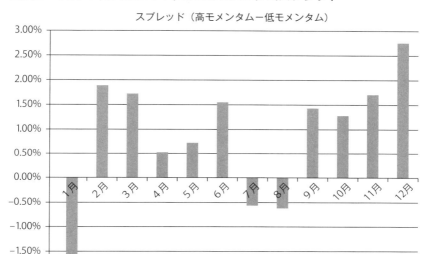

きであることは分かっている。しかし、本当に、高モメンタム株をすべて12月末に売り、１月になる前に低モメンタム株をすべて買い、２月になる前に高モメンタムになるようにリバランスすべきなのだろうか。理論的にはこの行動は理にかなっているが、市場の流動性とフリクショナルコストを考えると、これを行うのは難しいだろう。

　フリクショナルコストと市場の流動性を分析してみたところ、12月から１月にかけてのモメンタム効果を利用することは、サイズの大きなポートフォリオにとっては非現実的であることが判明した。したがって、このアイデアはあきらめるしかない。とはいえ、モメンタムの季節性は利用することができる。四半期を終える月のウィンドウドレッシングや年末の税制上の優遇措置を利用したシステムを構築することができるはずだ。しかし、この知識をどう生かせばよいのだろうか。モメンタム利益は四半期を終える月で最大で、これはポートフォリオ

をウィンドウドレッシングするマネジャーたちによって推進される可能性が高いため、四半期を終える月の前にリバランスすることでリターンの向上を図ることができるのではないだろうか。

　そこで、季節性効果を利用するスマートリバランスはモメンタム戦略を向上できるという仮説を検証してみることにしよう。第5章と第6章で、モメンタムポートフォリオのパフォーマンスを、保有期間が3カ月のオーバーラッピングポートフォリオを使って検証したのは覚えているだろうか。繰り返しになるが説明しておこう。オーバーラッピングポートフォリオとは次のようなものを言う。例えば、今が2014年12月31日（月末）だとしよう。一般的なモメンタムを計算し、資金の3分の1を使って高モメンタム株を買う。これらの株は2015年3月31日までポートフォリオに保有する。1カ月後の2015年1月31日、2015年1月31日のモメンタムランキングに基づいて、資産のもう3分の1を使って高モメンタム株を買う。これらの株は2015年4月30日までポートフォリオに保有する。また1カ月後の2015年2月28日、資産の残りの3分の1を使って、高モメンタム株を買う。これらの株は2015年5月31日までポートフォリオに保有する。このプロセスを毎月繰り返す。これがオーバーラッピングポートフォリオだ。オーバーラッピングポートフォリオのリターンは、オーバーラップしたポートフォリオを足し合わせたものになる。これによって季節性効果は最小化される。

　もちろん、季節性とモメンタムを検証するとき、季節性効果を最小化するためのオーバーラッピングポートフォリオを作成するのは正しいアプローチではない。もし季節性効果を利用しようとするのであれば、四半期が終了する前の月に構築した四半期ごとのオーバーラップしないポートフォリオを検証するのがよい。こちらのポートフォリオのほうが、学術界の外部の人にとっては直観的に分かりやすく、四半期ごとのモメンタム効果を利用することができる。モメンタム利益は3月、6月、9月、12月に多いことが知られているため、2月、5月、

8月、11月末にはオーバーラップしない季節性モメンタムポートフォリオをトレードするものとする。このオーバーラップしないポートフォリオの保有期間は3カ月だ。つまり、年4回リバランスするということである。このオーバーラップしないポートフォリオを、四半期が終わる月の前にリバランスしないほかのオーバーラップしないポートフォリオと比較する。私たちが立てた仮説は、モメンタムの季節性を利用する四半期ごとにリバランスするオーバーラップしないポートフォリオは、季節性をまったく活用しないほかのポートフォリオをアウトパフォームするというものだ。

　前の検証と同様、ユニバースは中型株と大型株のみからなり、ポートフォリオは時価加重で構築する。検証期間は1927年3月1日から2014年12月31日までである（「スマートリバランス」ポートフォリオの季節性効果を利用するために、分析は1927年の1月と2月は省いて、1927年3月1日から開始する）。分析は第5章のプロセスに従って行った。①過去12カ月（最も直近の月は除く）の累積リターンに基づいて株式を分類する、②過去のリターンに基づいて上位の十分位数の銘柄を検証する。

　表7.2は、次の4つのポートフォリオを使って、リバランス期間を変えながら、上に述べた戦略を分析した結果を示したものだ。

●**スマートリバランス**　季節性を最も活用したスマートリバランスポートフォリオ。このポートフォリオは、2月、5月、8月、11月の最終日の引けにリバランスする。

●**平均リバランス**　このポートフォリオは1月、4月、7月、10月の最終日の引けにリバランスする。

●**季節性をあまり活用しないポートフォリオ**　このポートフォリオは季節性を最も活用しないポートフォリオで、12月、3月、6月、9月の最終日の引けにリバランスする。

表7.2　モメンタムポートフォリオの年次パフォーマンスの季節性

	スマートリバランス	平均リバランス	季節性をあまり活用しないポートフォリオ	季節性をまったく活用しないポートフォリオ
年平均成長率	15.97%	15.65%	15.06%	15.49%
標準偏差	23.99%	23.96%	23.90%	23.62%
ダウンサイドリスク	17.93%	17.56%	17.70%	17.43%
シャープレシオ	0.60	0.59	0.57	0.59
ソルティノレシオ（最小受容リターン＝5％）	0.72	0.71	0.68	0.71
最大ドローダウン	-74.19%	-73.35%	-77.43%	-73.90%
最悪の月のリターン	-30.09%	-31.01%	-30.45%	-30.00%
最良の月のリターン	32.35%	39.53%	31.15%	33.88%
利益の出た月の割合	62.71%	62.14%	62.14%	61.86%

●**季節性をまったく活用しないポートフォリオ**　このポートフォリオは季節性とはまったく無関係なポートフォリオで、毎月リバランスし、保有期間が3カ月のオーバーラッピングポートフォリオ。

ポートフォリオはすべて時価加重ポートフォリオである。

　表7.2を見ると分かるように、モメンタムの季節性はスマートリバランスを通じて利用することができるという私たちの仮説はかろうじて成り立つ。均等加重ポートフォリオの結果（表示せず）を見ると、効果は絶大だっただろう。スマートリバランスポートフォリオは、モメンタム利益を促進するウィンドウドレッシングと税制上の優遇措置効果を利用するため、すべてのポートフォリオのなかで最もパフォーマンスが高い。パフォーマンスが最も低かったのは、モメンタムの季節性という観点から言って最悪のタイミングでリバランスするポートフォリオだ。季節性と無関係にリバランスするポートフォリオと平均的なリバランスポートフォリオのパフォーマンスは、スマートリバラン

スポートフォリオと季節性をあまり活用しないポートフォリオの中間だ。ここから得られる教訓は明快だ。「モメンタムシステムを構築するときには季節性を利用せよ」

まとめ

　本章では、株式市場の季節性効果を誘発すると思われる機関投資家の2つの行動——「ウィンドウドレッシング」と「税金の最小化」——について調べてみた。次に、モメンタムの収益性に対するこれら2つのインセンティブとの関連性を分析した研究について見ていった。そして、季節性とモメンタム利益について独自の分析を行った。最後に、異なるリバランステクニックと、これらのリバランステクニックがモメンタム戦略の収益性にどんな影響を与えるのかについて分析した。これらの分析から分かった重要なポイントは、投資家は、パフォーマンスを最大化するようなリバランスプログラムを構築することによって、モメンタム利益の季節性を利用することができるということである。

定量的モメンタムは
市場を打ち負かす

**「……私たちは奴隷のようにモデルに従う。あなたがそのモデルを
どんなに賢明だとか、愚かだと思っても、モデルが言うことには
どんなことにでも従う」**──ジム・シモンズ[1]

　定量的モメンタムシステムを理解するのに必要な要素と知識につい
ては第5章から第7章で述べた。第5章では、学術研究でよく使われ
る一般的なレラティブストレングス・モメンタム・インディケーター
について説明した。定量的モメンタムシステムのスタート地点となる
のが一般的なモメンタムだ。一般的なモメンタムは、一定の観察期間
における（例えば、過去12カ月。最も直近の月を除く）株式のトータ
ルリターン（配当を含む）を測定したものだ。このモメンタムを、私
たちの投資ユニバースに含まれるすべての株式について計算する。

　定量的モメンタムシステムでは、一般的なモメンタム株をどう区別
するかが重要になる。第6章では、投資家の振る舞いの2つの特徴に
ついて述べた。①宝くじのようなアセットを好む、②注意力の限界。短
期的な大きなパフォーマンス「スパイク」を持つ株式を保有すること
は一般にパフォーマンスの低下につながる。このアンダーパフォーム
は、宝くじのような特徴を持つ株式に過大な価格を払うバイアスを持
った投資家によるミスプライシングによるものだ。次に、いわゆる鍋
の中のカエル（FIP）モメンタムアルゴリズムと呼ばれるものについ
て調べた。このアルゴリズムは高モメンタム株の経路を数値化するも
のだ。カエルモメンタムアルゴリズムの計算方法は以下のとおりであ

る。

カエルモメンタムアルゴリズム＝過去のリターンの符号×
（負のリターンの割合－正のリターンの割合）

　カエルモメンタムアルゴリズムは過去252日間にわたってすべての高モメンタム株について算出する。まず、負のリターンの日の割合と正のリターンの日の割合を調べ、負のリターンの日の割合から正のリターンの日の割合を差し引き、得られた数値に一般的なモメンタムシグナル（過去12カ月のトータルリターン。最後の月は除く）の符号を掛ける。例えば、ABC社の一般的なモメンタムが50％で、過去252日のうち、35％が負のリターンで、1％がブレークイーブンで、64％が正のリターンだった場合、ABC社のカエルモメンタムアルゴリズムは、＋1×（0.35－0.64）＝－0.29となる。カエルモメンタムアルゴリズムの負の値が大きければ大きいほど良い。カエルモメンタムアルゴリズムは、高モメンタム株を、継続的価格経路（価格経路がスムーズで、情報がゆっくりと拡散する）を持つ高モメンタム株と、離散的価格経路（価格経路ででこぼこで、情報がすぐに拡散する）を持つ高モメンタム株とに分類するのに役立つ。カエルモメンタムアルゴリズムは、宝くじのような特徴を持つ株式に対するイクスポージャーをシステマティックに最小化するとともに、モメンタム株がアウトパフォームする主な理由——投資家はポジティブなニュースにシステマティックに過小反応する——に最も苦しめられていると思われる高モメンタム株に焦点を当てるため、一石二鳥の効果がある。
　最後に、第7章では、季節性とそれがモメンタム戦略とどんな関係があるのかについて調べた。その結果、ウィンドウドレッシングと税金最小化に対するインセンティブは、モメンタム戦略の収益性の時系列解析において重要な役割を果たすことが分かった。フリクショナル

コストやトレードの複雑さといった現実世界における問題によって、この季節性を利用することは難しいが、この季節性情報は、モメンタム戦略のリバランスプログラムに組み込むことで間接的に利用することができる。モメンタム戦略のリバランスのタイミングを図る —— 例えば、ウィンドウドレッシングを行う人や税金が動機となる投資家に先んじてトレードする —— ことで、期待パフォーマンスに貢献することができる。

　最後に、モメンタム戦略の投資プロセスを5つのステップに分解した（**図8.1**を参照）。

1. **投資ユニバースを特定する**　私たちの投資ユニバースは、中型から大型の米国上場株からなる。
2. **一般的なモメンタムスクリーン**　過去12カ月（最後の月を除く）のリターンに基づいて、ユニバース内の株式をランク付けする。
3. **モメンタムクオリティースクリーン**　カエルモメンタムアルゴリズムで測定したモメンタムの「クオリティー」に基づいて高モメンタム株をふるいにかける。
4. **モメンタムの季節性スクリーン**　モメンタム投資に適用できる季節性を利用して、リバランスのタイミングを決定する。私たちは四半期が終了する月の前に四半期ごとにリバランスする。
5. **確信を持って投資する**　高クオリティーモメンタムを持つ株式の集中ポートフォリオに投資する。このタイプの投資には、しっかりとした決意と、標準的なベンチマークから乖離することをいとわない姿勢が必要。

　例えば、ポートフォリオ構築シナリオは以下のようなものになる。
● ステップ1で、1000銘柄からなるユニバースを決定する。
● ステップ2では、1000の証券の一般的なモメンタムスコアを算出し、

図8.1　定量的モメンタムのプロセス

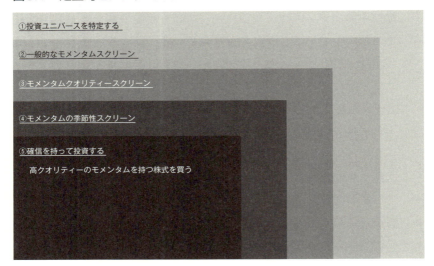

①投資ユニバースを特定する

②一般的なモメンタムスクリーン

③モメンタムクオリティースクリーン

④モメンタムの季節性スクリーン

⑤確信を持って投資する
　高クオリティーのモメンタムを持つ株式を買う

　上位10％（100の高モメンタム株）を特定する。

●ステップ3では、ステップ2で特定した100の高モメンタム株それぞ
　れのカエルモメンタムアルゴリズム・スコア（低いほうが良い）を
　算出して、カエルモメンタムアルゴリズム・スコアに基づいてこれ
　ら100銘柄をランク付けする。このランク付けにしたがって、上位50
　銘柄（スムーズなモメンタムを持つ50の高モメンタム株）を選ぶ。

●ステップ4では、モデルポートフォリオを構築し、季節性効果を利
　用するために、2月、5月、8月、11月末にリバランスする。

●ステップ5では、均等加重（銘柄特有のリスクを最小化するため）
　の50銘柄ポートフォリオ戦略を実行し、相対パフォーマンスの高い
　ボラティリティと、長期にわたる相対的アウトパフォーム（または
　長期にわたる相対的アンダーパフォーム）の恵み（または呪い）に
　備える。

取引コスト

　取引コストは、モメンタムがなぜ失敗するのかを説明する主な理由として議論されることが多い。モメンタムなんて、テクニカル分析でデイトレードをやるような能無しの異端児にやらせておけ、というわけである。取引コスト差し引き後のモメンタム利益についての学術研究に関しては第5章でいくつか紹介した。取引コストは、ほかのアクティブ投資戦略同様、モメンタム戦略にとっても非常に重要であるというのが学界の一般的な考え方だが、おそらくはモメンタム戦略は高くつきすぎて使えないという神話が独り歩きしているのだろう。この「神話」を伝道しているのは、①モメンタムの研究についてよく知らない、②実際にモメンタム戦略をトレードした経験のない —— 人々だ。クリフ・アスネスたちは、この問題に真っ向から取り組み、論文を発表した。タイトルはその名もずばり、「Facts, Fiction, and Momentum Investing」[2]だ。「モメンタムがトレードコストを乗り切ることができることを認識するのに、数学など必要ではない」とアスネスは簡潔に述べている。興味のある読者は、フラツィーニ、イスラエル、モスコウィッツのモメンタムの取引コストの分析を読んでみることをお勧めする[3]。この論文では長期にわたるAQRの取引コストデータを分析している。また、レスモンド、シル、チョウの分析も読んでみる価値がある。彼らは、学術的な方法で日々の分析と日中分析からトレードコストを推定している。ただし、この研究では、プロの投資家のトレードコストは一般に比べるとはるかに低く、彼らはリバランスコストを最小化するために戦略を利用していることは考慮されていない[4]。もちろん、アスネスの研究をあまりにも拡大解釈するのもバカげている。常識から考えて、何十億ドルものお金を次々とモメンタム戦略につぎ込むことは不可能だ。一定のルールのなかでより多くの資金が長期間にわたりモメンタム戦略につぎ込まれ、それに応じて取引コストが下が

らなければ、モメンタム戦略のメリットは薄れてしまうだろう。

　定量的モメンタムアルゴリズムを検証するとき、投資シミュレーションを行う前に、取引コストをバックテストのなかにどう組み込むかを決める必要がある。簡単にするために、私たちは１％の管理手数料（ほとんどの投資家は堅牢なモメンタム戦略を実行するのにプロを雇う必要があると想定）と、0.20％のリバランスコストを使うことにする。0.20％のリバランスコストは四半期ごとにリバランスする戦略では年４回かかる。したがって、年次換算では0.80％のトレードコストがかかることになる。管理手数料とトレードコストを合わせると年1.80％である。特に明記しないかぎり、本章の分析ではこの数値を使う。

　手数料は高くなったり安くなったりするのではないか、と反射的に考える前に、この推定額は真の推定額ではなく、バラツキがあることは私たちはすでに分かっているということを知っておいてもらいたい。実際には、それぞれの投資家は異なるコスト構造を持ち、課税状況も異なり、トレードスキルや実行スキルも異なる。ある投資家たちにとってのコストは、ほかの投資家たちにとっては高すぎたり安すぎたりすることもある。コストは最終結果に一定の影響を与えるという事実を考慮するために、私たちはただ単に基本的なコスト推定量を設定しようとしているだけである。定量的モメンタム戦略を実際にトレードしてみると、トレードコストが推定額よりもはるかに安くなることもあるが、大概の場合は、トレードコストは推定額よりもはるかに高くなることのほうが多い。私たちが推定したトレードコストは「ゴルディロックス」のように、冷たすぎず、熱すぎず、ちょうどよい熱さになればよいと思っている。もちろん完璧な数値だというつもりはない。投資家は、これらのシステムを稼働するうえでの期待コストを独自に見積もって、状況に応じて適切に調整してもらいたい。

表8.1　ユニバース選択パラメーター

項目	詳細
時価総額	NYSE の 40％ブレイクポイント
取引所	NYSE、AMEX、NASDAQ
含まれる証券のタイプ	普通株
排除した業界	なし
リターンデータ	配当、株式分割、企業の行動を調整した価格
上場廃止アルゴリズム	ウィリアム・ビーバー、モーリーン・マクニコルズ、リチャード・プライス著の論文[5]
ポートフォリオウエート	時価加重（VW）

ユニバースのパラメーター

　ほかの研究者が私たちの結果を再現・確認することができるように、私たちの選んだ株式ユニバースの詳細と、私たちが分析をするうえで設けた仮定を**表8.1**にまとめた。ユニバースは流動性が高く、投資可能で、各リバランスにおいて最低の時価総額（リバランスの時点でNYSE［ニューヨーク証券取引所］の時価総額の40％を上回る）を満たす必要がある。分析期間は1927年３月１日から2014年12月31日までである（第７章の終わりで述べたように、季節性リバランスを促進するために、分析の開始時期は1927年１月１日ではなくて、1927年３月１日に変更した）。データは学術研究でよく使われるCRSPのリターンデータを使った（CRSP［The Center for Research in Security Prices]）。

定量的モメンタム分析

　定量的モメンタムシステムのヒストリカルパフォーマンスを使って、次に示す分析を行う。

●サマリー統計量
●リワード分析
●リスク分析
●堅牢性分析

サマリー統計量

　表8.2は定量的モメンタム戦略のパフォーマンスとリスク特性の標準的な統計学的分析と、一般的なモメンタム戦略（季節性とカエルモメンタムアルゴリズムはなし）と、S&P500トータルリターン指数（S&P500TR指数）との比較を示したものだ。**表8.2**に示したリターンは、定量的モメンタムと一般的なモメンタムについては1.80％の手数料を差し引いたもので、S&P500指数については手数料込みである。結果を保守的に評価するために、パッシブインデックス（S&P500）に対しては非現実的なコストアドバンテージ（つまり、無料ということ）与えている。結果はすべて時価加重である。加重方式としては時価加重のほかに均等加重がある。均等加重には２つのメリットがある。

1. **分散化**　各銘柄に同じ資産比率を配分するので、どの１つの銘柄もポートフォリオのなかでのウエートがほかの銘柄よりも大きくなることはない。
2. **小型株効果**　平均的には小型株のリターンは過去においては中型株や大型株よりも大きかった。これは私たちのポートフォリオでは期待リターンが高いことを意味する。

　表8.2を見ると分かるように、定量的モメンタム戦略の年平均成長率（CAGR）は15.80％で、一般的なモメンタム（13.45％）をアウトパフォームし、S&P500（9.92％）もアウトパフォームしている。

表8.2　定量的モメンタムポートフォリオ（時価加重）のパフォーマンス
　　　　（1927〜2014年）

	定量的モメンタム（手数料差し引き後）	一般的なモメンタム（手数料差し引き後）	S&P500インデックス（手数料込み）
年平均成長率	15.80%	13.45%	9.92%
標準偏差	23.89%	23.62%	19.11%
ダウンサイドリスク	17.56%	17.44%	14.22%
シャープレシオ	0.60	0.51	0.41
ソルティノレシオ（最小受容リターン＝5％）	0.72	0.60	0.44
最大ドローダウン	-76.97%	-75.81%	-84.59%
最悪の月のリターン	-31.91%	-30.15%	-28.73%
最良の月のリターン	31.70%	33.73%	41.65%
利益の出た月の割合	63.00%	61.39%	61.76%

　定量的モメンタムポートフォリオがこうした高いリターンを達成したのは、ベンチマークポートフォリオよりもボラティリティが高かったことによる。定量的モメンタムポートフォリオはパッシブベンチマークよりも集中型（分析期間にわたり平均で43.9銘柄）で、さらにベンチマークとの連動性を無視しているので、これは予想できた結果だ。また、定量的モメンタムの標準偏差が23.89％であるのに対して、パッシブS&P500ベンチマークのボラティリティ（標準偏差）は19.11％である。ボラティリティが高いにもかかわらず、リスク調整済みパラメーターは定量的モメンタム戦略のほうが良い。定量的モメンタムのシャープレシオは0.60で、S&P500の0.41に比べると断然高い。定量的モメンタムはダウンサイドボラティリティも17.56％と高く、ベンチマークは14.22％だが、高いリターンが高いダウンサイドボラティリティを補っており、そのためソルティノレシオは0.72と高い。これに対して、ベンチマークのソルティノレシオは0.44である。

　最大ドローダウンは、累積損益が過去最大のときから一時的に落ち

込んだときの最大下落幅を表すものだが、定量的モメンタム戦略の最大ドローダウンは－76.97％と痛ましいほどの大きさだ。これは大恐慌時のドローダウンに相当する（ベンチマークの最大ドローダウンは－84.59％とさらに悪い）。

　強調したいのは、モメンタム戦略に関しては投資家は高いボラティリティとドローダウンリスクを覚悟しなければならないということである。これは、このシステムが将来的に機能することが期待される主な理由だが、このリスクの上昇は付加的期待リターンによって補うことができる。モメンタムがアノマリーと呼ばれるのはこのためだ。

リワード分析

　図8.2を見てみよう。これは定量的モメンタムポートフォリオとほかの2つの戦略の累積パフォーマンスを示したものだ。

　図8.2を見ると長期にわたるエッジの複利効果が見て取れる。定量的モメンタムポートフォリオはパッシブベンチマークに対して、最初は小さなアドバンテージでしかなかったが、時間がたつと大差がついている。

　表8.3は、定量的モメンタムポートフォリオとほかの2つの戦略のさまざまな期間における年平均成長率を示したものだ。この検証の目的は、パフォーマンスが経時的に堅牢かどうかを調べることである。

　80年間のうちの70年で、定量的モメンタムポートフォリオはパッシブポートフォリオをアウトパフォームしている。気がかりなのは、定量的モメンタムポートフォリオが最も直近の10年でベンチマークに負けていることである。スマートアービトラージャーがモメンタムプレミアムを消失させてしまったため、モメンタムはもう死んでしまったのだろうか。その可能性は否めないが、アンダーパフォームした10年は予想できないわけではなかった。ジェジーとサモノフによれば、1801

図8.2　定量的モメンタム戦略の複利累積リターン（1927〜2014年）

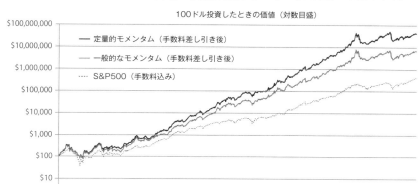

100ドル投資したときの価値（対数目盛）

凡例:
- 定量的モメンタム（手数料差し引き後）
- 一般的なモメンタム（手数料差し引き後）
- S&P500（手数料込み）

表8.3　さまざまな期間（10年単位）の年平均成長率

	定量的モメンタム（手数料差し引き後）	一般的なモメンタム（手数料差し引き後）	S&P500 インデックス（手数料込み）
1930-1939	3.08%	1.64%	-1.34%
1940-1949	11.01%	11.85%	9.15%
1950-1959	24.98%	21.31%	19.42%
1960-1969	20.50%	18.26%	7.84%
1970-1979	13.93%	13.21%	5.83%
1980-1989	24.48%	17.38%	17.61%
1990-1999	36.48%	30.21%	18.37%
2000-2009	-3.58%	-4.88%	-0.68%

年から1926年にわたるアウトオブサンプル検証では、相対パフォーマンスが長期にわたって悪かった時期は複数回発生している[6]。さらに、前にも説明したように、高いボラティリティとキャリアリスクを考えるとアルゴリズムに従い続けることは難しい。また、均等加重の定量的モメンタムポートフォリオ（表示せず）の手数料差し引き後の結果

を調べてみると、このポートフォリオは年平均成長率ベースでは2000年〜2009年の10年では実際にパッシブベンチマークをアウトパフォームしている。しかし、常に機能する持続可能なシステムなどない。**図8.2**を見ると、定量的モメンタムはいとも簡単なように見えるが、短いウィンドウで見ると、1927年から2014年の間で極端にアンダーパフォームしている時期がある。モメンタム投資は単純だが、実行は簡単ではないのだ。

　ここで、さまざまなローリング期間のパフォーマンスを見てみることにしよう。**図8.3a**と**図8.3b**はローリング期間が５年と10年のこの戦略の年平均成長率を示したものだ。これらの図は異なる時点における関連する保有期間のリターンを示している。堅牢な戦略であれば時期を問わず一貫してアウトパフォームするはずだ。「幸運」な戦略は１時期だけ極端なアウトパフォームを示すが、そのほかの時期は低迷する。

　図8.3aと**図8.3b**を見ると分かるように、この戦略は５年と10年のローリング期間では一般的なモメンタムポートフォリオとS&P500を一貫して打ち負かしている。ほかの戦略に投資したほうが良かったと思える時期はごくまれで、ほんの短期間だけである。長期にわたるアンダーパフォームする時期が２つあり、それは大恐慌のときと2008年の金融危機のあとの時期だけである。これらのアンダーパフォームする時期はこの戦略には付きものであり、幸いなことに、この時期に弱い投資家を振るい落とすことになる。長期的に見れば、継続的な戦略へのベットは報われることになる。

リスク分析

　前の分析が強調するように、モメンタムのパワーは、パッシブベンチマークのリターンが小さく見えるほどの大きなリターンを生みだす

図8.3a　定量的モメンタムの5年ローリング年平均成長率

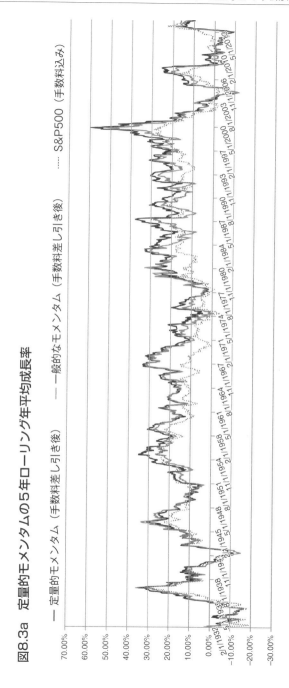

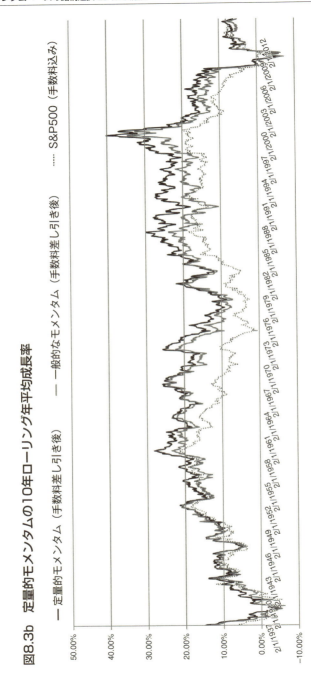

図8.3b　定量的モメンタムの10年ローリング年平均成長率

一定量的モメンタム（手数料差し引き後）　一一般的なモメンタム（手数料差し引き後）　……S&P500（手数料込み）

能力である。しかし、期待リターンが大きいと、リスクも高まる。モメンタムのリスクとリワードのトレードオフについては依然としてリワードのほうが大きいが、リスクの増大を認めないのは誤りであり、有望なモメンタム投資家に間違った期待を与えかねない。次の分析では、定量的モメンタムにかかわるリスクについて調べていく。

　リスク分析では最大ドローダウンを重点的に調べていく。最大ドローダウンとは、累積損益が過去最大のときから一時的に落ち込んだときの最大下落幅（最大損失）と定義される。最大ドローダウンは、特定の戦略を使ったバイ・アンド・ホールド投資家が経験する、起こり得る最悪のパフォーマンスシナリオだ。最大ドローダウンの背景にある考え方は至って簡単だ──どれくらいの損失を出し得るか。

　図8.4は１カ月、１年、３年にわたる定量的モメンタムのドローダウンをまとめたものだ。

　図8.4の結果によれば、定量的モメンタム戦略はほかの２つの戦略よりも資産をよく保護するということが分かる。定量的モメンタム戦略の最大ドローダウンは、一般的なモメンタム戦略よりも悪いが、S&P500よりは良い。しかし、定量的モメンタムはローリング期間が１カ月と12カ月では一般的なモメンタムに敗北している。ローリング期間が３年のときは、S&P500よりも若干良い。ここではっきりさせておくが、私たちのポートフォリオは買いのみなので、市場と比べたときは似たようなドローダウンになることが予想される。

　図8.5aと**図8.5b**は定量的モメンタム戦略の５年ローリング期間と10年ローリング期間の最大ドローダウンを示したものだ。これらのグラフは一定期間における（例えば、５年や10年）戦略の最大ドローダウンの頻度と大きさを見るのに役立つものだ。しかし、なぜローリングドローダウンは役に立つ分析ツールなのだろうか。最大ドローダウンが同じような２つの戦略を考えてみよう。一方の戦略が大きなドローダウンを数回喫し、もう一方の戦略が大きなドローダウンを１回だ

図8.4　ドローダウン分析のまとめ

■ 定量的モメンタム（手数料差し引き後）　　一般的なモメンタム（手数料差し引き後）　■ S&P500（手数料込み）

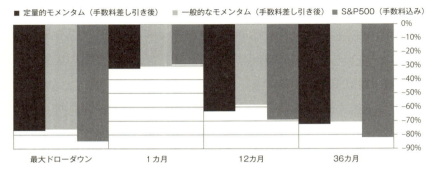

け喫したとすると、大きなドローダウンの頻度が分かる。

　ローリングドローダウン分析は、この戦略がほかの2つの戦略よりも大きなドローダウンを喫したことを示している。例えば、ITバブルが崩壊したあと、定量的モメンタムは特に株価指数よりも大きな打撃を受けた。同様に、2008年の金融危機のときも、定量的モメンタムポートフォリオは株価指数よりも大きな打撃を受けた。

　最後に、定量的モメンタムが10大ドローダウンを喫したときの相対パフォーマンスを評価してこの分析を終了することにしよう。定量的モメンタムのドローダウンを同じ期間のパッシブインデックスのパフォーマンスと比較すると、定量的モメンタム戦略とパッシブインデックスとの間のテールリスクの相関が分かってくる。**表8.4**からは2つの重要なポイントが明らかになる。1つは、定量的モメンタムは、大きなドローダウンを持つ買いのみの株式戦略であるということである。もう1つは、定量的モメンタムのドローダウンは、株価指数のドローダウンと相関があるということである。総体的には、定量的モメンタムポートフォリオは大きなドローダウンを喫し、アンダーパフォームの期間が長く続くだろうということが言える。最初にこれを予想して

図8.5a　定量的モメンタムの5年ローリング最大ドローダウン

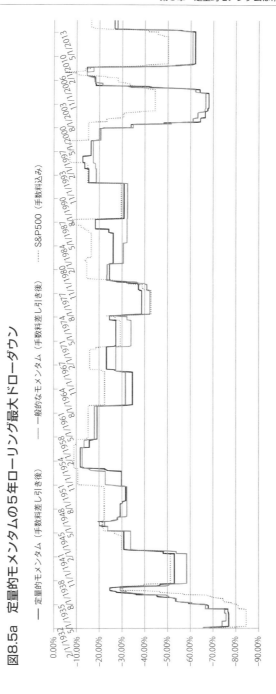

― 定量的モメンタム（手数料差し引き後）　　― 一般的なモメンタム（手数料差し引き後）　　…… S&P500（手数料込み）

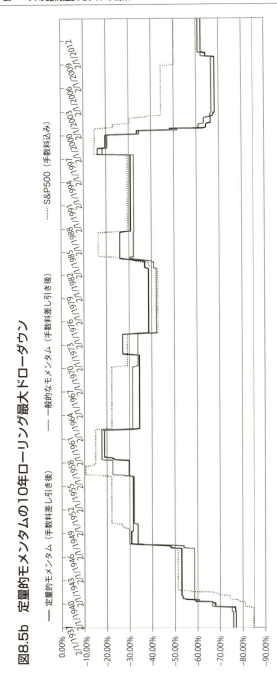

図8.5b　定量的モメンタムの10年ローリング最大ドローダウン

――定量的モメンタム（手数料差し引き後）　――一般的なモメンタム（手数料差し引き後）　……S&P500（手数料込み）

表8.4　10大ドローダウン

ランク付け	開始日	終了日	定量的 モメンタム	S&P500TR インデックス
1	1929/01/31	1932/05/31	-76.97%	-80.67%
2	2000/02/29	2003/02/28	-68.14%	-35.14%
3	2008/06/30	2009/02/28	-62.12%	-40.82%
4	1937/03/31	1938/03/31	-52.99%	-51.11%
5	1972/12/31	1974/09/30	-38.68%	-42.73%
6	1961/11/30	1962/06/30	-34.57%	-21.97%
7	1946/05/31	1949/06/30	-31.69%	-13.77%
8	1987/09/30	1987/11/30	-30.88%	-28.00%
9	1940/04/30	1942/04/30	-30.81%	-26.52%
10	1968/11/30	1970/06/30	-27.23%	-29.23%

おかなければならない。

堅牢性分析

　本セクションでは、全体像を把握し、サマリー統計量が極端な外れ値によるものではないことを確認するために、戦略を違ったアングルから見て、いろいろな検証を行う。

　まず最初に、1927年からのいろいろなブル市場とベア市場における定量的モメンタム戦略のマーケットサイクルパフォーマンスを分析し、ほかの2つの戦略と比較する。**表8.5**はマーケットサイクルリターンを算出するのに使った日付を示したものだ。

　図8.6を見ると分かるように、定量的モメンタム戦略はベア市場ではおおむねS&P500と同じようなパフォーマンスを示しているが、ブル市場ではS&P500をアウトパフォームしている。しかし、最も最近のベア市場とブル市場ではS&P500に敗北している。「モメンタムは死んだ」と主張する人がいるのは当然かもしれない。よいだろう。この

表8.5　マーケットサイクル

	始まった月	終わった月
ベア	1929/09	1932/07
ブル	1962/06	1966/02
ベア	1968/11	1970/05
ブル	1970/05	1972/12
ベア	1973/01	1974/09
ブル	1982/06	1984/12
ベア	1987/07	1987/12
ブル	1987/12	1990/06
ベア	2000/03	2001/09
ブル	2001/10	2007/07
ベア	2008/08	2009/02
ブル	2009/03	2014/12

図8.6　定量的モメンタムのマーケットサイクルパフォーマンス

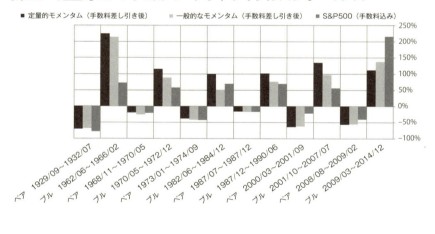

主張がいつまで続くか、とくと拝見しようじゃないか。定量的モメンタム戦略は短期間だけ——時には長期にわたることもあるが——悪戦苦闘したときも時折あるが、マーケットサイクル全体を通じてアウトパフォーマンスを期待できるシステムなのである。

図8.7　定量的モメンタムの短期ストレスイベントテスト

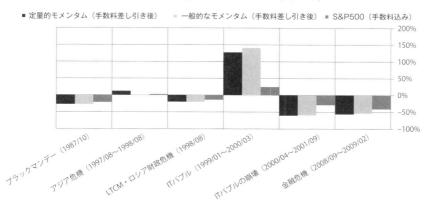

■ 定量的モメンタム（手数料差し引き後）　　■ 一般的なモメンタム（手数料差し引き後）　■ S&P500（手数料込み）

　図8.7は定量的モメンタム戦略とほかの２つの戦略の最近の短期ス
トレスイベントにおける相対パフォーマンスを示したものだ。戦略が
短期の異常なマーケットイベントに対して、どんなパフォーマンスを
示すかを調べるのがこの分析の狙いだ。ITバブルのときは定量的モメ
ンタム戦略はS&P500をアウトパフォームするが、1998年のITバブル
の崩壊と2008年の金融危機ではS&P500をアンダーパフォームしてい
る。

　図8.8aと**図8.8b**は定量的モメンタム戦略の５年ローリングおよび
10年ローリングのアルファを示したものだ。アルファ分析は通常、学
術誌の定量的なリサーチの論文で見ることができる。リサーチャーが
アルファの推定に用いる手順は複雑なことが多いが、考え方は至って
簡単だ――リスクファクター調整後の平均超過リターンはどれくらい
か。

　堅牢性を評価するために、いくつかの資産評価モデルを使ってアル
ファを推定した。一般的なマーケットリスクは資本資産価格モデルを
使って調整を行った[7]。ファーマ－フレンチの３ファクターモデル[8]を

図8.8a　定量的モメンタムの5年ローリングアルファ

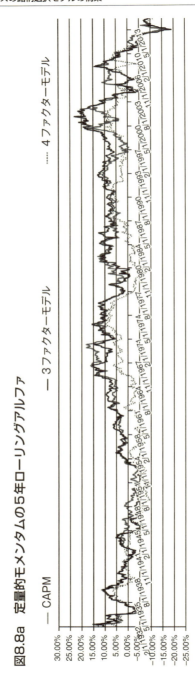

図8.8b 定量的モメンタムの10年ローリングアルファ

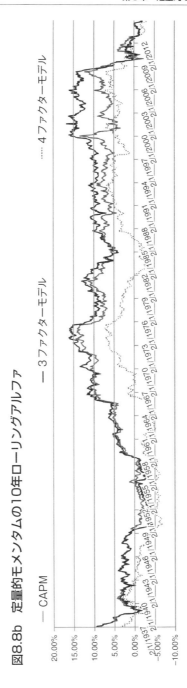

使って市場、サイズ、バリューイクスポージャーを調整し、モメンタムはカーハートの4ファクターモデル[9]（また、収益性と投資ファクターを含むファーマ－フレンチの5ファクターモデルを使っての分析も行った。これらのファクターのデータが入手可能なのは1963年以降なので、計算結果は示していない。アウトオブサンプルテスト［1963年～2014年］では、5ファクターモデルも使用し、定性的に似たような結果が得られた）を使って説明する。これらのファクターについては、ケン・フレンチのウェブサイト（http://mba.tuck.dartmouth.edu/pages/faculty/ken.french/data_library.html）を参照してもらいたい。

　図8.8aと**図8.8b**を見ると、定量的モメンタム戦略は選んだ資産評価モデルにかかわらず、5年ローリングアルファと10年ローリングアルファは比較的安定していることが分かる。4ファクターアルファは最も小さいが、このモデルは一般的なモメンタムのイクスポージャーを調整しているので、驚くには当たらない。5年ローリングでは、戦略のパフォーマンスがリスク調整後に付加価値を与えない例はいくつかしかない。10年ローリングのグラフはストーリーを鮮明に物語っている――長期的には定量的モメンタムは投資家のポートフォリオに付加価値を与えている。

　本セクションでは、すべての資産評価モデルの正式なベータ推定値とアルファ推定値を計算した。**表8.6**は4つの資産評価モデルの係数推定値を示したものだ。MKT-RFはNYSE、AMEX（アメリカン証券取引所）、NASDAQの全上場株の時価加重リターンのエクセスリターン（市場ポートフォリオのリターンからリスクフリーレートを引いたもの）を意味し、SMBは小型株のイクスポージャーをとらえるロング・ショート・ファクターポートフォリオを意味し、HMLはBMR（簿価時価比率）の高い株式のイクスポージャーを調整したロング・ショート・ファクターポートフォリオを意味し、MOM（モメンタムファクター）は最近の年のパフォーマンスが高かった株式のイクスポージ

表8.6　定量的モメンタムの資産評価係数の推定値

	年次アルファ	MKT-RF	SMB	HML	MOM
CAPM	**6.30%**	**1.02**	—	—	—
3ファクター	**7.44%**	**1.05**	**0.17**	**-0.41**	—
4ファクター	0.85%	**1.17**	**0.21**	**-0.16**	**0.55**

ャーを調整したロング・ショート・ファクターポートフォリオを意味する。

　結果は**表8.6**に示したとおりで、5％の信頼水準で有意な係数推定値は太字で示している。

　表8.6から分かることは、定量的モメンタムは年におよそ6～7％のアルファを生みだすということである。つまり、市場・サイズ・バリューといった期待リターンファクターのイクスポージャーで説明できないパフォーマンスが6～7％あるということである。一般的なモメンタムファクターを含めた場合、定量的モメンタムポートフォリオは有意なアルファは生みださないが、MOMは有意なプラスの数値になっている。アルファ分析から言えることは、定量的モメンタム戦略の高いパフォーマンスは、株価指数（MKT-RFベータは1を若干上回る）よりもベータへのイクスポージャーが大きいことに関係があり、このシステムは小型株へのイクスポージャーが大きい傾向があり、そして、ここが肝要なのだが、「バリューによるものではない」ということである（HMLは－0.41と－0.16）。一般的なモメンタム戦略のアルファ統計量を比較すると、HMLとの関係は一般的なモメンタムを含まないときよりも小さい（小さな負数。つまり、分散化効果はあまり高くない）。ファクター分析の観点からすれば、全体的には、定量的モメンタムは一般的なモメンタムよりも良くも悪くもない。定量的モメンタムは一般的なモメンタムと単に違うだけである。定量的モメンタム戦略

は一般的なモメンタム戦略の高ベータバージョンであり、バリュー戦略と併用すれば高い分散化効果を持つ。ファクター分析は重要だが、この分析結果はより慣習的で直感的な**表8.2**の結果と結びつけて考える必要がある。

ブラックボックスをのぞいてみる

　定量的な手法はブラックボックスと言われることが多く、そのために投資コミュニティーの人々からは避けられている。一般にクオンツと呼ばれる人々に対する評価は否定的だ。コミュニケーションはシンプルで透明なのがよいにもかかわらず、「クオンツ」は物事を複雑で不透明なものにしてしまうからだ。ロジックはこうだ。戦略を「独自に開発」することで、クオンツは彼らの知的財産を他者が利用できないようにし、そして、彼らの投資家はハッピーになる。持続不可能で絶えず変化するトレード戦略の観点から言えば、当然ながらそういうことになるだろう。しかし、持続可能な非常にアクティブな長期投資戦略の観点から言えば、不透明さと理解の欠如は投資家としての失敗につながる。痛みの頂点では、規律ある無情なアクティブ投資家は有能だが、明晰な頭脳を持ち、物事を完全に理解し、プロセスに絶対の自信を持つアクティブな投資家のほうが勝利する。プロセスが機能するメカニズムを完全に理解していない者は、アクティブポートフォリオを死神のごとく堅持する千里眼の投資家にアクティブアルファを提供することになるのである。

　表8.7は2014年11月30日にこのモデルに基づいて選んだ上位10銘柄を示したものだ。11月30日は私たちの検証における最後のリバランス日に当たる。2014年11月末日にリバランスすることで季節性を利用することができる。このポートフォリオは3カ月間保有するので、これは2014年12月31日現在のポートフォリオにもなるからだ。**表8.7**には

表8.7　2014年12月31日現在の定量的モメンタムポートフォリオの保
有株

銘柄	ティッカー	モメンタム	リターンが正の日の割合－リターンが負の日の割合
インターナショナル・レクティファイア	IRF	66.1%	24.3%
マリオット・インターナショナル	MAR	62.6%	22.3%
NXP セミコンダクターズ	NXPI	61.6%	21.5%
サンディスク	SNDK	39.8%	21.1%
ドクターペッパー・スナップル・グループ	DPS	47.7%	20.3%
サウスウエスト航空	LUV	87.0%	19.1%
ディナジー	DYN	42.5%	18.3%
ピルグリムズ・プライド	PPC	73.4%	18.3%
ウィンドストリーム・ホールディグス	WIN	44.7%	17.9%
マリーンクロット	MNK	77.4%	17.9%

重要な統計量が示されている —— 企業のモメンタムスコア（過去12カ
月［最も直近の月を除く］のトータルリターン）と、リターンが正の
日の比率からリターンが負の日の比率を引いたもの（これは鍋の中の
カエル変数を作成するのに使われる）。

　リストにある企業の多くは定評のある企業だが、ユニバースのなか
では必ずしもエキサイティングな高モメンタム企業ではない。企業の
多くは退屈だが、彼らの価格シグナルは、モメンタムを推進するポジ
ティブなニュースが多いことを示している。これらの企業は、テスラ
モーターズ、モンスター・ビバレッジ、アムジェン、グリーンマウン
テンコーヒー、ソーラーウインズといった、成功にはほど遠いが注目
を引く高モメンタム企業とは対照的だ。テスラモーターズといった企
業のモメンタムは高いが、このモメンタムに到達するまでの経路は離

散的で、パフォーマンスの大きなスパイクを通じて高モメンタムに到達している。

定量的モメンタムで市場を打ち負かす

　モメンタムは明らかに堅牢で、長年にわたって研究・実証されてきた。モメンタムの研究は、200年以上にわたる個別株データによってモメンタムの履歴をまとめたクリス・ジェジーとミハイル・サモノフによって集大成された。「モメンタム効果はデータマイニングによるものではない」と彼らは述べている。本章では、私たちの定量的モメンタムシステムの結果を提示する。結果は、本書におけるリサーチと概念を反映したものになっている。私たちの解決策を「最良」のもの、あるいは「最も最適化された」ものと言うつもりはないが、私たちのプロセスは理にかなっており、行動経済学とも首尾一貫して論理的につながるものであると思っている（本章では述べていないが、私たちは追加的検証と分析をたくさん行った。これらの追加的検証と分析の結果［例えば、年次リターン］については、著者に直接問い合わせしてもらいたい。https://www.alphaarchitect.com/contact)。しかし、このプロセスは将来的にもうまくいくのだろうか。それはだれにも分からないが、本書の最初の4つの章では、過去データにおいて強い戦略が将来的に持続可能かどうかを決めるためのフレームワークを提示した。モメンタムは持続可能であると、どうすれば確信をもって言えるのだろうか。このアイデアは、バリュー投資がなぜ機能するのかを理解するのに使ったのと同じ議論を使って裏付けることができる。持続可能なアクティブ投資戦略は次の要素を必要とする。

●ミスプライシング
●コストのかかるアービトラージ

　ミスプライシングに関しては、人間がシステマティックな予測エラーからは逃れられないことを考えると、価格は時にはファンダメンタルズから逸脱することもある。バリューの場合、この予測エラーは一般にネガティブなニュースに対する過剰反応である。一方、モメンタムの場合、予測エラーはポジティブなニュースに対する過小反応と予測可能な季節性と関係がある。

　しかし、賢明な投資家のすべてがモメンタム戦略（あるいは、バリュー戦略）をアービトラージに利用するわけではない。これはなぜなのか。前にも述べたように、これらのミスプライシング機会が排除される速度は利用コストに依存する。取引コストと情報取得コスト（これはゼロではないが、この議論に関しては無視する）を除けば、長く続くミスプライシング機会を利用するうえでの最大のコストは、エージェンシーコスト、またはキャリアリスクに対する懸念である。キャリアリスクが発生するのは、投資家がプロに彼らに代わって資産運用を委任するからである。残念ながら、資産運用をプロのファンドマネジャーに委任する投資家は、雇ったマネジャーのパフォーマンスをベンチマークに対する短期相対パフォーマンスに基づいて評価することが多い。しかし、これによってプロのファンドマネジャーはゆがんだインセンティブを持つようになる。ファンドマネジャーは長期的な期待パフォーマンスが高くなるため、ミスプライシング機会を利用したいと思っているが、これはあくまでミスプライシング機会を利用することで、彼らの期待パフォーマンスが標準的なベンチマークからあまり長期にわたって逸脱しすぎない程度にである。まとめると、バリューやモメンタムのような戦略はおそらくは将来的にも機能し続けるだろう。なぜなら、これらの戦略はパッシブベンチマークに対して「大きくアンダーパフォーム」することがあるからである。この理屈に従えば、モメンタム戦略がバリュー戦略のように持続可能であると信じ

るためには、次のことを仮定するだけでよい。

●投資家は行動バイアスに苦しみ続ける。
●プロに資産運用を委任する投資家は近視眼的にパフォーマンスを追いかける。

　近い将来に対して私たちが当てにできる仮定はこの2つだけである、と私たちは思っている。私たちはこれらの仮定を信じているので、プロセス駆動型で、長期的視点に立った規律を持った投資家にとって、機会は常に存在すると私たちは思っている。持続可能なアクティブフレームワークからの教訓を自分のものにできれば、このフレームワークを信じることで、多くの投資家が違和感を感じる戦略に従い続けるという規律が身につくだろう。プロセスに従い続けることができることは、投資家として成功するために最も重要なことであることはほぼ間違いないだろう。どう投資するかは二次的なことでしかない。しかし、ウォーレン・バフェットが言うように、「投資は単純だが、簡単ではない」のである。

実践で機能するモメンタム戦略を作る

「だれもが作戦を持っている。パンチを食らうまでの話だがな」
—— "アイアン"・マイク・タイソン

　現実世界では、定量的モメンタム戦略に全力を注ぐということは、最も熱心な投資家にとっても忍耐力を要するものだ。私たちも含め、このプログラムに従い続けるという規律を持った者はいない。私たちは自分の資産をこのような方法で投資することはない。しかし、私たちは投資家に全株式ポートフォリオを、信頼性の高いモメンタム戦略と置き換えることを勧めているわけではない。モメンタムは分散化された株式ポートフォリオの1つの要素にすぎないのだ。第4章で示唆したように、モメンタムポートフォリオは、信頼性の高いバリューポートフォリオと組み合わせて使うのが最も良い。バリュー戦略とモメンタム戦略を組み合わせれば、1つの戦略だけを使ったときに被る複数年にわたる相対アンダーパフォームの期間を短縮できるだけでなく、投資家は株式投資プログラムに従い続けることができる。バリュー投資だけ、あるいはモメンタム投資だけに集中するのは、1本脚の椅子に座るようなものである。なぜ複数の脚を持った椅子に座らないのか。優れたバリュー投資アプローチを見つけ、有望なモメンタム投資アプローチを見つけ、これらを組み合わせて全天候型の株式ポートフォリオを構築してはどうだろうか。

２本脚の椅子 ── バリュー戦略＋モメンタム戦略

　バリュー戦略とモメンタム戦略を組み合わせたポートフォリオをもっとよく理解してもらうために、私たちが資産を投資するときに使うアプローチについて見ていこう。私たちが組み合わせるのは、本書で説明した定量的モメンタムアルゴリズムと、システマティックなバリュー戦略の構築について書かれたウェスリー・グレイの本[1]で説明されている、同じく厳密に検証されたバリュー戦略である。簡単に言えば、この定量的なバリューアルゴリズムは、割安で質の高いバリュー株を買うというアルゴリズムである。各戦略はおよそ40のモメンタム株と40のバリュー株を保有する。したがって、投資家はおよそ80銘柄からなる信頼性の高い分散化ポートフォリオを保有することになる。ポートフォリオを外国市場にも拡大して、サイズを大きくしたり分散化を高めることもできるが、分析を簡潔にし的を射た議論をするために、外国市場は含めない。

　定量的なバリュー・モメンタム・ポートフォリオのパフォーマンスを評価するのに用いるのは、米国で取引されている中型株と大型株からなるユニバースで、分析は買いのみのポートフォリオに焦点を当てる。ポートフォリオは四半期ごとにリバランスし、均等加重とする（第８章で説明した時価加重ポートフォリオではない）。調べるのは、1974年１月１日から2014年12月31日までのリターンである。これは、定量的モメンタムアルゴリズムと定量的なバリューアルゴリズムの両方のヒストリカルデータが入手できる期間である。コンボポートフォリオのウエートは毎年１月１日にリバランスし、バリュー戦略とモメンタム戦略の間で均等に配分される（高度な投資家はボラティリティ加重にしてもよい）。リターンはすべて２％の年間総手数料を差し引いたものである。年間総手数料には、管理手数料、コミッション、戦略内リバランスと戦略間のリバランスに関連するマーケットインパクトコス

表9.1　定量的なバリューと定量的モメンタムの組み合わせ

	コンボポートフォリオ（手数料差し引き後）	定量的モメンタム（手数料差し引き後）	定量的なバリュー（手数料差し引き後）	S&P500TRインデックス（手数料込み）
年平均成長率	18.10%	17.38%	16.98%	11.16%
標準偏差	21.38%	25.59%	18.58%	15.45%
ダウンサイドリスク	14.96%	18.09%	12.71%	11.05%
シャープレシオ	0.66	0.57	0.68	0.45
ソルティノレシオ（最小受容リターン＝5％）	0.94	0.80	0.98	0.62
最大ドローダウン	−60.16%	−67.72%	−51.91%	−50.21%
最悪の月のリターン	−26.56%	−30.33%	−25.62%	−21.58%
最良の月のリターン	28.69%	34.67%	25.36%	16.81%
利益の出た月の割合	61.18%	61.79%	62.60%	61.59%

トが含まれる（総手数料は第8章では1.8％だったが、第9章では2.0％に上げた。これは、均等加重ポートフォリオを使うことと、定量的モメンタムポートフォリオと定量的なバリューポートフォリオ間のリバランスを年に1回行うことで、取引コストが高くなるためだ）。

　コンボポートフォリオの結果は**表9.1**に示したとおりである。

　コンボポートフォリオのリターンは、バリューポートフォリオやモメンタムポートフォリオ単独のときよりも高い。リスク調整ベースでは、コンボポートフォリオは定量的なバリュー戦略とほぼ同じだ。しかし、サマリー統計量を見ただけでは戦略が「生存性」を持つかどうかは分からない。「生存性」とは、投資家が「あきらめることなく」ポートフォリオを保有し続けることができる度合と定義する。生存性を評価するために、パッシブS&P500TR指数に対する5年ローリング年平均成長率（CAGR）を調べてみた。この分析から分かったことは、バリュー戦略とモメンタム戦略を組み合わせることで、バリュー戦略単体かモメンタム戦略単体のときに被った長期にわたるアンダーパフォ

ーマンスの頻度が最小化できるということである。

　図9.1はバリュー戦略とモメンタム戦略を組み合わせることで、5年の相対アンダーパフォームの期間と大きさが最小化できることを示したものだ。例えば、定量的なバリュー戦略は1990年代終わりのITバブルのときに相対パフォーマンスの悪い時期が長く続いた。一方、金融危機のあと、定量的モメンタム戦略は厳しいアンダーパフォームが長く続いた。もっと分かりやすく言えば、定量的モメンタム戦略単体では、年平均成長率ベースでおよそ15％のアンダーパフォームの時期が5年にわたった（これが発生したのは2013年6月なので、2008年から2009年の金融危機はその5年前ということになる）。こんなことを顧客に話すとどうなるだろうか。

　しかし、2つの戦略を組み合わせる（**図9.1**の黒い実線）ことで、長期にわたるアンダーパフォームの期間と大きさを、平均的な投資家が消化できるまでに短縮することができる。この問題は別の方法でも調べることができる。それがヒストグラム分析だ。**図9.2**は、モメンタム戦略単体とコンボポートフォリオの年平均成長率で測定した5年相対パフォーマンスのヒストグラムを示したものだ。モメンタム戦略に投資したときは5年ウィンドウでは株価指数に打ち負かされる確率が比較的高いが、コンボポートフォリオは長期にわたるアンダーパフォームの頻度は極めて限定的だ。

　長期投資家にとって、パッシブな株式ポートフォリオを信頼性の高いバリュー・モメンタム・システムで置き換えることは、パッシブインデックスよりも高い期待リターンを上げる可能性があるため、理にかなったアプローチであるように思える。読者の方々には覚えやすい経験則を1つ紹介しておこう。

　「安いものを買え、強いものを買え。そして長く保有せよ」

図9.1　5年ローリングスプレッド

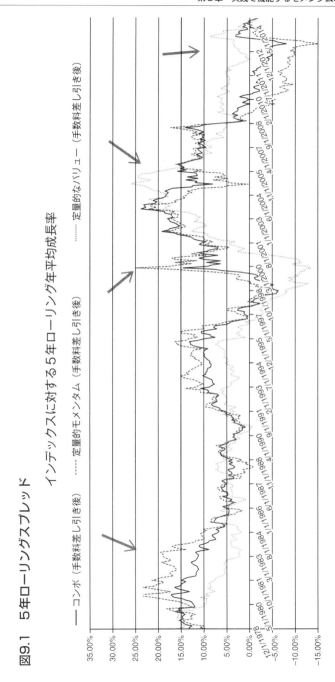

インデックスに対する5年ローリング年平均成長率

―― コンボ（手数料差し引き後）　----- 定量的モメンタム（手数料差し引き後）　…… 定量的なバリュー（手数料差し引き後）

図9.2　5年スプレッドのヒストグラム

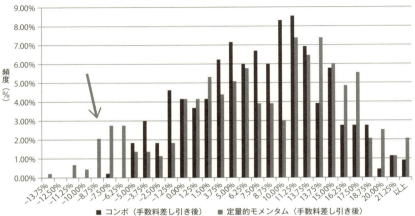

インデックスに対する5年ローリング年平均成長率

■ コンボ（手数料差し引き後）　　■ 定量的モメンタム（手数料差し引き後）

ポートフォリオ構築に関する重要な注意事項

　アクティブなバリュー・モメンタム戦略の成功への道は、ゾクゾク
するような冒険でもある。なぜなら、長期にわたって相対パフォーマ
ンスが悲惨な状態になることもあるため、巨大な資産プールがその機
会を利用することができないからである。この事実を念頭に置けば、期
待されるメリットは、「信頼性の高い」バリュー・モメンタム・ポート
フォリオを持つことで達成できることを強調しておく必要がある。な
ぜなら、信頼性の高いポートフォリオは相対パフォーマンスリスクを
伴うからである。極端な相対パフォーマンスリスクがなければ、極端
な期待パフォーマンスリターンも期待できない。バリュー戦略または
モメンタム戦略のいずれかに偏った分散化ポートフォリオを保有する
「スマートベータ」ファンドは、手数料差し引き後のアウトパフォーマ
ンスを達成するという約束を守ることができない可能性が高い。これ
らのファンドはベンチマークと同じような構成のファンドにすぎない

ため、期待コストを上回るアクティブイクスポージャーによる十分な
利益を得ることができないからである。

　しかし、ベンチマークに連動するポートフォリオ構成はなぜ避けな
ければならないのだろうか。学術研究や私たちが本書で行った分析は、
好ましい性質（例えば、高モメンタム）を持つ銘柄の集中型ポートフ
ォリオに関連するものであることを思い出してもらいたい。私たちが
分析するポートフォリオの保有する銘柄数は通常50を下回る。これは
分散しているつもりで、相関の似通った多くの銘柄を組み入れるリス
クを最小化するためだ。ポートフォリオの特徴に重点を置いた集中型
ポートフォリオではなくて、パッシブインデックスに連動するように
構成すると、ポートフォリオは隠れたインデックス化する。第5章で
は、保有する銘柄数やリバランス頻度といったポートフォリオを構成
するパラメーターが期待パフォーマンスにどんな影響を与えるかを分
析することで、これらの弊害について述べた。アクティブモメンタム
戦略から期待リターンを得たい――つまり、頻繁にリバランスする集
中型ポートフォリオを買うということ――人にとって、この分析の結
果が示すものは明白だ。

　そこでもっとアクティブなファンドを見てみよう。残念ながら、フ
ァンドの出資者の利害はファンドマネジャーの利害とは一致しない。フ
ァンドが一定の規模を超えると、ファンドのポートフォリオは株価指
数に連動する構成に近づくため、追加されたファンドのアセットがパ
フォーマンスを侵食する。しかし、マネジャーの手数料は上昇する。そ
のため、パフォーマンスを最大化したい投資家と、たとえパフォーマ
ンスが悪くなってもポートフォリオに含める銘柄をもっと増やしたい
マネジャーとの間に対立が発生する。ベンチマークに連動するポート
フォリオを特定するのは簡単だ。こうしたポートフォリオは通常100を
超える銘柄を保有し、時価加重の構成を持ち、リバランスの頻度は低
い。こうした構成を持つポートフォリオは、サイズは増大するが、期

待リターンは高くはならない。するとアクティブな投資家は次のように考えるだろう。パッシブインデックスから逸脱するだけでなく、管理手数料も増えるのなら、アクティブリスクをとって、指数連動型ではなくて集中型ポートフォリオにお金を払ったほうがマシだ。

３本脚の椅子 ── コンボ＋トレンド

　でもちょっと待ってもらいたい。２本脚の椅子でも完全に安定というわけではない。定量的なバリュー・モメンタム・ポートフォリオも、バイ・アンド・ホールドの株式投資と同じように、大きなドローダウンを被る可能性がある。シンプルさを好む長期投資家にとって、バリュー戦略とモメンタム戦略のコンボポートフォリオを保有することは、非常に良い解決策にはなるが、大きなドローダウンを気にする投資家にとっては、コンボのバイ・アンド・ホールドは向かないかもしれない。誤解のないように言っておくと、コンボアプローチの大きなドローダウンは何もこのアプローチに限ったわけではなく、ドローダウン問題は買いのみの株式ポートフォリオのすべてにかかわるものだ。

　ドローダウン問題を解決するための基本的な方法について見ていくことにしよう。それは、３つ目の脚を使ってもっと安定した椅子を作ることである。３つ目の脚とはトレンドフォロー戦略である。最も簡単なトレンドフォロールールは、長期単純移動平均線ルールである。そこで、次のルールを考えてみよう。

● 移動平均（12）＝12カ月の平均価格
● S&P500TR指数 − S&P500TR指数の12カ月移動平均＞0ならば、コンボポートフォリオを買う。
● S&P500TR指数 − S&P500TR指数の12カ月移動平均＜0ならば、安全証券（Tビル）を買う。

表9.2　定量的なバリューと定量的モメンタムの組み合わせ

	コンボ（トレンド適用。手数料差し引き後）	コンボ（トレンド非適用。手数料差し引き後）	S&P500TRインデックス（手数料込み）
年平均成長率	16.57%	18.10%	11.16%
標準偏差	17.97%	21.38%	15.45%
ダウンサイドリスク	13.31%	14.96%	11.05%
シャープレシオ	0.67	0.66	0.45
ソルティノレシオ（最小受容リターン＝5％）	0.90	0.94	0.62
最大ドローダウン	-26.18%	-60.16%	-50.21%
最悪の月のリターン	-25.45%	-26.56%	-21.58%
最良の月のリターン	28.69%	28.69%	16.81%
利益の出た月の割合	70.93%	61.18%	61.59%

　シンプルなトレンドフォローリスクマネジメントを定量的なバリュー・モメンタム・ポートフォリオに適用した結果は**表9.2**に示したとおりである。

　トレンドフォロー戦略を適用しても、コンボポートフォリオのリスク調整済み統計量は向上するわけではないが、この分析はコンボシステムのテールリスク特性の劇的な変化を見落としている。トレンドを適用することで、株式ポートフォリオの大きなドローダウンへのイクスポージャーは限定されるのである。例えば、最大ドローダウンは60.16％から26.18％に減少する。もちろん、ドローダウンがなくなるということはない。トレンドフォローを適用すれば、年平均成長率は年間で1.5％減少し、相対的アンダーパフォームを被る可能性は高まる。**図9.3**はコンボ＋トレンドフォロー戦略とバイ・アンド・ホールド・コンボの5年スプレッドのヒストグラムを示したものだ。

　図9.3を見ると、トレンドフォローの「相対パフォーマンスリスク」が高いことが分かる。トレンドフォロー戦略は大きなテールリスクは

図9.3　５年スプレッドのヒストグラム

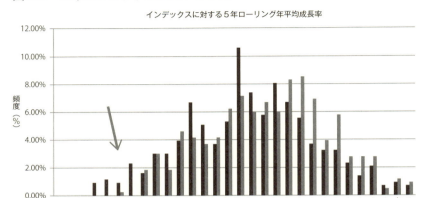

インデックスに対する５年ローリング年平均成長率

■ コンボ（トレンド適用。手数料差し引き後）　　■ コンボ（トレンド非適用。手数料差し引き後）

防ぐことができるが、株価指数に対するトラッキングエラーは増大するため、投資家はこの投資プログラムに長期にわたって従うことはできなくなる。

　大きなドローダウンが気になる投資家は、トレンドフォローについてもっと学習することをお勧めする。トレンドフォローを適用するときの経験則は以下のとおりである。

「安いものを買え、強いものを買え。そして長く保有せよ。……ただしこれが有効なのは、トレンドがあなたの友だちであるときのみである」

キャリアリスクの考察

　トレンドフォロー戦略は大きなドローダウンを最小化するのに役立つが、相対的な痛みはより大きくなる可能性がある。ダウンサイドに

対して保護された戦略は、バイ・アンド・ホールド・アプローチに比べると、年平均成長率の５年アンダーパフォームはより頻繁に発生し、サイズも大きい。トレンドフォロー戦略の潜在的メリットは大きいが、キャリアリスクを考慮する必要がある。結局、投資家がどれだけ多くのアクティブイクスポージャーを受け入れるかは、相対的アンダーパフォームをどれだけ受け入れる覚悟があるかによって決まる。相対パフォーマンスなんて関係ないという人もいるが、キャリアリスクに直面している人にとって相対パフォーマンスは重要だ。この議論の皮肉なところは、効率的市場仮説（EMH）が正当化されてしまうという点──完璧なものはない──だが、説明が間違っている（つまり、株価は常にファンダメンタルズを反映しているということ）。バリュー戦略やモメンタム戦略のような戦略は、ミスプライシングの世界を反映したものであることはすでに述べた。しかし、やはり完璧なものはこの世にはないのだ。市場は競争が激しく、「相対パフォーマンスリスク」といった投資リスクは、現実世界ではさらされることによってリワードが期待できるリスクだ。金融経済学モデルでは相対リスクプレミアムは「アルファ」とみなされるかもしれないが、多くの市場参加者にとって、相対パフォーマンスリスクは、限界的な価格設定者が彼らの手をどかすためにだれかに支払う定量化可能なリスクである。

　リスクとは、見る人の目の中にあるのだ。

悪い相対パフォーマンスに対処できなければどうなるのか

　図9.1は、集中型バリュー・モメンタム・ポートフォリオでもITバブル期や2008年の金融危機のあとではアンダーパフォームすることもあることを示したものだ。多くの投資家にとって、これは耐えがたい痛みであり、「相対的な痛み」に耐えようとする意志のある者だけが超

過期待リターンを得ることができる。そして、トレンドフォローを適用した場合、長く続く相対的な痛みはさらに悪化する。結局は、バリアを取り除き、相対的パフォーマンスの痛みを受け入れるしかないが、本書を通じてこれまで議論してきたように、キャリアリスクに対する不安と心理的問題とによって、多くの投資家は持続可能なアクティブ戦略を十分に活用することができない。持続可能なアクティブ戦略は機能するにはするが、従うのが難しいのがその理由だ。

　一般投資家の多くは、信頼性の高い解決法を試すことはできない。しかし、投資家の相対的パフォーマンスの痛みに対する許容度は人によって異なるため、全員ができないわけではない。大部分の投資家は信頼性の高いバリュー・モメンタム・ポートフォリオを保有することはできないが、そういったフレーバーを少しだけパッシブアロケーションに加える人もいる。例えば、事情に詳しい顧客層を持つ金融アドバイザーを考えてみよう。顧客の評価期間は短いため、彼らは結局はベンチマークにしがみつく。どんなに賢い顧客でも、ベンチマークから大きく乖離すれば激怒するだろう。「おい、アドバイザーさんよ。なんで今四半期はS&P500指数に対して10％もアンダーパフォームしてるの？　あんたは首だ！」。おそらくは小さな乖離（例えば、2％）ならそれほど問題にはならなかったのだろう。アドバイザーはクライアントのパフォーマンス会議を乗り切り、アンダーパフォームは長期的なアウトパフォームのためのコストなのだと説明するだろう。こうした投資家にとっては、コア・サテライト運用だと受け入れることができるかもしれない。

　コア・サテライト運用とは、資産の大部分をパッシブベンチマーク（「コア」部分）に投資し、残りの資産をアクティブに運用（「サテライト」部分）することを言う。構造上、コア・サテライト運用はベンチマークからそれほど大きく乖離することはない。例えば、**図9.4**は、資産の80％をS&P500に配分し、20％を前のセクションで説明した定量

図9.4　5年ローリングスプレッド

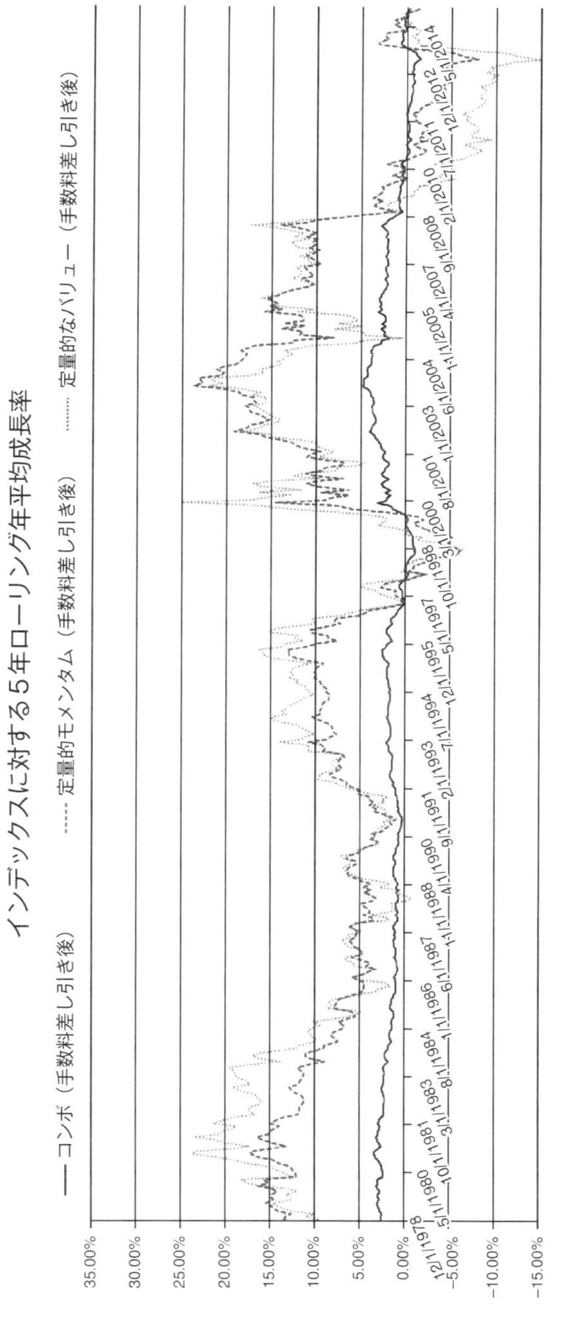

インデックスに対する5年ローリング年平均成長率

― コンボ（手数料差し引き後）　----- 定量的モメンタム（手数料差し引き後）　······· 定量的なバリュー（手数料差し引き後）

表9.3　コア・サテライト運用のリターン

	コア・サテライト（手数料差し引き後）	コンボ（手数料差し引き後）	定量的モメンタム（手数料差し引き後）	S&P500TRインデックス（手数料込み）
年平均成長率	12.66%	18.10%	17.38%	11.16%
標準偏差	16.04%	21.38%	25.59%	15.45%
ダウンサイドリスク	11.48%	14.96%	18.09%	11.05%
シャープレシオ	0.52	0.66	0.57	0.45
ソルティノレシオ（最小受容リターン＝5％）	0.72	0.94	0.80	0.62
最大ドローダウン	-51.86%	-60.16%	-67.72%	-50.21%
最悪の月のリターン	-22.35%	-26.56%	-30.33%	-21.58%
最良の月のリターン	16.52%	28.69%	34.67%	16.81%
利益の出た月の割合	61.79%	61.18%	61.79%	61.59%

的なバリュー・モメンタム・ポートフォリオに配分したポートフォリオのリターンを示したものだ。

　図を見ると分かるように、コア・サテライト運用でも相対的な痛みを取り除くことはできない。コア・サテライト投資家も、ITバブル期や2008年の金融危機のあとの期間には痛みに耐えなければならない。ただし、痛みは我慢できる程度だ。もちろん、コア・サテライト・アプローチのデメリットは、コンボ・アプローチよりも長期期待年平均成長率がはるかに低いことである。**表9.3**（1974年から2014年までのサマリー統計量）の「コンボ（手数料差し引き後）」欄と「コア・サテライト（手数料差し引き後）」欄を比較してみてもらいたい。

付録A　モメンタムに代わる概念

　これまで何年にもわたって、私たちは持続可能な長期モメンタムプレミアムをとらえるにはどうすればよいのかを研究してきた。本書は基本的にはその努力の集大成だが、モメンタムの先行研究レビューにしようとは思わなかった。もしそうなら、本書は1000ページを超える長大なものになり、読者の「最良のモメンタム戦略は何？」という疑問は依然として残るだろう。モメンタムに関する全研究文献をレビューすれば、人それぞれに違った結論に達するのは当然だろう。私たちはモメンタムに関する全研究論文を読んだ。そして、興味深いアイデアは共有すべきだという考えに至った。定量的モメンタムプロセスになぜ全研究文献を含まなかったのかも分かってもらえるものと思っている。私たちのアプローチが、これから議論する変化形に比べると最も理にかなった方法であることを理解してもらえれば幸いだ。ここで提示する結果のすべては、本書で使ったのと同じ株式ユニバースを使っており、戦略は買いのみである。

　これから分析するアイデアは以下のとおりである。

● モメンタムはファンダメンタルズとどんな関係があるのか。
● 52週の高値はより優れたモメンタムシグナルなのか。
● アブソリュートストレングスモメンタムはレラティブストレングスモメンタムを向上させることはできるのか。
● モメンタムのボラティリティは制限することができるのか。
● 銘柄選択モメンタムは依然として必要なのか。

　モメンタムに関してはほかにも興味深いアイデアはたくさんあるが、上記のアイデアは最も妥当で説得力のあるものであると私たちは思っ

ている。この付録では、私たちのアプローチがほかのアプローチより
も優れていると思うのはなぜなのかについても説明していきたいと思
う。

モメンタムはファンダメンタルとどんな関係がある
のか

　1998年、ニコラス・バーベリス、アンドレ・シュライファー、ロバ
ート・ビシュニーは投資家センチメントに関する理論モデルを発表し
た[1]。これは、過小反応や過剰反応は行動バイアスによって生みだされ
るものであり、こういった反応はバリュー効果やモメンタム効果につ
ながることを説いたものだ。バリューは悪いニュースに対する過剰反
応であり、モメンタムは良いニュースに対する過小反応である。また、
1996年に発表されたルイス・チャン、ナラシムハン・ジェガディーシ
ュ、ヨーゼフ・ラコニショックの論文[2]では、モメンタムアノマリーは
過去のニュースに対する遅い反応が一因であると書かれている。「証券
アナリストの業績予測は……過去のニュースに対する反応が遅い。特
に、過去の業績が悪かった銘柄に関してはそうである。この結果から
言えることは、市場は新しい情報には非常にゆっくりとしか反応しな
いということである」。そういった新しい情報はファンダメンタルズに
反映されることもある。

　ロバート・ノビーマークスはファンダメンタルとモメンタムの関係
についてもう少し踏み込んだ分析をしている。ノビーマークスは、
「Fundamentally, Momentum Is Fundamental Momentum」[3]という論
文のなかで、モメンタム戦略がこれまでアウトパフォームしてきた理
由を説明している。価格モメンタムは収益モメンタムアノマリーの表
れであると彼は言う。つまり、モメンタムアノマリーが発生するのは
投資家がアーニングサプライズにシステマティックに過小反応するか

らであるというわけである。また彼は、収益モメンタム調整後は、価格ベースのモメンタムはもはやアノマリーではないとも言っている。

　ノビーマークスの研究結果を調査した結果は以下のとおりである。まずは価格モメンタムと収益モメンタムの概念について説明したあと、これら2つの戦略に基づいてポートフォリオがどのように構築されるのかについて説明する。

● **価格モメンタム**　過去の勝ち組は過去の負け組をアウトパフォームする傾向がある。ポートフォリオは、過去12カ月のパフォーマンスに基づいて構築される。ただし、短期リバーサルを防ぐために最も直近の月は含めない。この戦略は本書では基準となるモメンタムスクリーンとして推奨している戦略だ。学者がモメンタムというときはこれを意味する。

● **収益モメンタム**　過去に強いアーニングサプライズのあった銘柄は、過去に弱いアーニングサプライズのあった銘柄をアウトパフォームする傾向がある。収益モメンタムポートフォリオは、過去のアーニングサプライズに基づいて構築される。ノビーマークスの論文では、アーニングサプライズの測定方法が2つ示されている。

　　1. **標準化期待外利益（SUE）**　SUEは、EPS（1株当たりの利益）の前年比を、最も直近の8回の決算発表における利益変動の標準偏差で割って算出される。

　　2. **累積3日異常リターン（CAR3）**　最も直近の決算発表の前日から始まり、決算発表の翌日までの3日間にわたる市場を上回る累積リターン。

　上記のポートフォリオ構築方法を使って、ノビーマークスは、過去のパフォーマンスとアーニングサプライズの両方に基づくリターンのクロスセクショナル（ファーマ・マクベス）回帰を調べている。その

結果、価格モメンタムは主として収益モメンタムによって説明がつくという結論に達した。

　次にノビーマークスが調べたのは、3つのロング・ショート・ファクターポートフォリオである。

●**UMD**　価格モメンタムの高い銘柄を買い、価格モメンタムの低い銘柄を売る。
●**SUE**　SUEの高い銘柄を買い、SUEの低い銘柄を売る。
●**CAR3**　CAR3の高い銘柄を買い、CAR3の低い銘柄を売る。

　これらの戦略を比較するために、ユニバースとしては中型株と大型株からなる私たちのユニバースを使い、ロング・ショート・ポートフォリオのボラティリティがすべて同じになるように設定した（SUEとCAR3をUMDに合わせて調整。ファンダメンタルモメンタムポートフォリオ［SUEとCAR3］のボラティリティと価格モメンタム［UMD］ポートフォリオのボラティリティを同じにするには、ファンダメンタムモメンタムポートフォリオは価格モメンタムポートフォリオの3倍買って、3倍売らなければならない）。**図A1.1**は1975年1月1日から2014年12月31日までのこれら3つのポートフォリオのパフォーマンスを示したものだ（ポートフォリオはすべてロング・ショート・ポートフォリオで、均等加重）。収益モメンタムポートフォリオ（SUEとCAR3）は価格モメンタムポートフォリオ（UMD）を大きくアウトパフォームしていることが分かる。

　ノビーマークスの論文のなかの表2は、時系列回帰の結果を示したものだ。パネルAは、UMDがSUEとCAR3に大きく依存していることを示している。また、パネルAは重要な結果をいくつか示している。まず、収益モメンタムと各種リスクファクター（例えば、マーケットイクスポージャー、サイズイクスポージャー、バリューイクスポージ

図A1.1　ファンダメンタルモメンタムのリターン

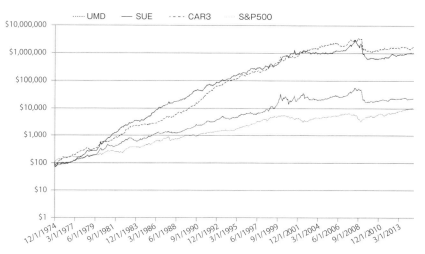

100ドル投資したときの価値（対数目盛）

ャー）を調整したあとでは、価格モメンタムはもはやアルファを生み
だしていないということである。表2のパネルBとパネルCは、SUE
とCAR3のアルファは非常に有意であることを示している。収益モメ
ンタムですべての効果は説明がつくと思われるため、収益モメンタム
は価格モメンタムを「包含する」とノビーマークスは結論づけている。

　しかし、話はここで終わらない。論文の価格モメンタムに対する攻
撃はさらに続く。論文ではさらに2つの結果が示されている。

1．収益モメンタムファクターから価格モメンタムファクターを除く
　　と、収益モメンタムのパフォーマンスは向上するが、価格モメン
　　タムから収益モメンタムを除くと、価格モメンタムのパフォーマ
　　ンスは悪化する（ただし、これはロング・ショート・ポートフォ
　　リオの結果であり、ボラティリティは10%に調整されている）。

2. 収益モメンタム戦略を構築するときに価格モメンタムを調整すれ
　ば、ボラティリティは低下し、クラッシュを避けることができる。
　この価格モメンタム戦略は市場サイクルに敏感[4]で、悪い市場環境
　ではボラティリティが高くなる[5]ことが知られている。

　まとめると、ノビーマークスの結果は、価格モメンタム戦略の異常
リターンは決算発表に対する過小反応の結果であるとする学界で長ら
く言われていたことに一致する。しかし、ノビーマークスは、価格モ
メンタムはこの過小評価効果をとらえるのに正しい代理変数にはなら
ないと指摘している。したがって、私たちは収益モメンタムの統計量
と予想外のアーニングサプライズに対する過小反応を重視しなければ
ならないということになる。ノビーマークスの分析によれば、価格モ
メンタムは重要ではない。重要なのは収益モメンタムである。しかし、
これは、収益モメンタムと価格モメンタムは両方とも異常リターンを
見つけるのに重要な役割を果たしているとするチャン、ジェガディー
シュ、ラコニショックの分析と真っ向から対立する。
　価格モメンタムと収益モメンタムの結果が混合しているので、私た
ちは独自に分析してみることにした。用いるユニバースは、本書で使
ってきた米国で取引されている中型と大型の普通株からなるユニバー
スである。私たちはノビーマークスの論文で記述されているポートフ
ォリオを構築し、価格モメンタム、SUE、CAR3に基づいて私たちの
ユニバースから構築した上位の十分位数と下位の十分位数のポートフ
ォリオを調べてみた。ポートフォリオは毎月リバランスし、均等加重
で、リターンは1975年1月1日から2014年12月31日までのリターンを
使った。リターンは手数料込みの数値である。
　表A1.1は上位の十分位数のポートフォリオ（ロングポートフォリ
オ）の結果を示し、**表A1.2**は下位の十分位数のポートフォリオ（シ
ョートポートフォリオ）の結果を示している。

表A1.1　上位の十分位数ポートフォリオの統計量

	価格モメンタム	SUE	CAR3	S&P500
年平均成長率	19.81%	19.64%	16.79%	12.31%
標準偏差	25.73%	18.85%	22.28%	15.10%
ダウンサイドリスク	18.21%	14.28%	15.40%	10.95%
シャープレシオ	0.65	0.80	0.60	0.53
ソルティノレシオ（最小受容リターン＝5%）	0.91	1.04	0.85	0.71
最大ドローダウン	−58.59%	−56.08%	−59.05%	−50.21%

表A1.2　下位の十分位数ポートフォリオの統計量

	価格モメンタム	SUE	CAR3	S&P500
年平均成長率	6.07%	11.31%	8.12%	12.31%
標準偏差	26.48%	19.39%	23.06%	15.10%
ダウンサイドリスク	18.00%	13.85%	16.44%	10.95%
シャープレシオ	0.17	0.40	0.25	0.53
ソルティノレシオ（最小受容リターン＝5%）	0.24	0.55	0.34	0.71
最大ドローダウン	−80.96%	−62.18%	−69.51%	−50.21%

　価格モメンタムとSUEポートフォリオは上位の十分位数で最高のパフォーマンス（ロング・ショート・ポートフォリオのロングポートフォリオの部分）を示し、価格モメンタムは下位の十分位数で最低のパフォーマンス（ロング・ショート・ポートフォリオのショートポートフォリオの部分）を示している。ロングポートフォリオとショートポートフォリオのスプレッドが一番大きいので、一見すると、最良のロング・ショート・ポートフォリオは価格モメンタムポートフォリオだと思ってしまうかもしれないが、これは間違いだ。次に、上位の十分位数ポートフォリオを買い、下位の十分位数ポートフォリオを売って

表A1.3　ロング・ショート・モメンタムポートフォリオの年次リターン

	価格モメンタム	SUE	CAR3	S&P500
年平均成長率	14.59%	12.38%	12.83%	12.31%
標準偏差	25.28%	8.30%	8.04%	15.10%
ダウンサイドリスク	21.94%	6.29%	6.13%	10.95%
シャープレシオ	0.48	0.87	0.95	0.53
ソルティノレシオ（最小受容リターン＝5%）	0.55	1.13	1.22	0.71
最大ドローダウン	-71.36%	-37.93%	-29.26%	-50.21%

　毎月リバランスするロング・ショート・ポートフォリオのパフォーマンスを調べてみた。結果は**表A1.3**に示したとおりである。

　表A1.3を見ると、価格モメンタムのロング・ショート・ポートフォリオは年平均成長率（CAGR）が最も高い。しかし、この戦略はリスクも最大だ。結局、この戦略のパフォーマンスはリスク調整ベースでは比較的悪いということになる。一方、SUEとCAR3のロング・ショート・ポートフォリオは、シャープレシオとソルティノレシオが価格モメンタムのほぼ2倍である。さらに悪いことに、価格モメンタムのロング・ショート・ポートフォリオの最大ドローダウン（71.36%）は、SUE（37.93%）とCAR3（29.26%）のほぼ倍である。まとめると、SUEとCAR3のロング・ショート・ポートフォリオは価格モメンタムポートフォリオよりも良いように思える。これは、価格モメンタムは収益モメンタムよりも劣っている（包含されている）というノビーマークスの提言を裏付ける重要な証拠でもある。

　これまで私たちは、買いのみの価格モメンタムは期待できる戦略であるとしてきたが、SUEとCAR3のロング・ショート戦略のほうが優れていることが分かった。しかし、第4章で学習したように、1つの戦略単体のパフォーマンスは、必ずしもすべてを物語るわけではない。

表A1.4　ロング・ショート・モメンタムポートフォリオの因子負荷量

	価格モメンタム	SUE	CAR3
アルファ（年次）	**0.16**	**0.08**	**0.09**
p 値	*0.0001*	*0.0000*	*0.0000*
RM-RF	**-0.28**	-0.03	**-0.10**
p 値	*0.0128*	0.4421	*0.0024*
SMB	**0.45**	-0.06	0.08
p 値	*0.0377*	0.2141	0.1644
HML	**-0.67**	-0.10	**-0.13**
p 値	*0.0013*	0.1195	*0.0160*

　例えば、第4章では、日本におけるロング・ショートの価格モメンタムのパフォーマンスを見たが、日本ではモメンタムは単体ではパフォーマンスは悪いと言われている。しかし、ロング・ショート・モメンタム戦略をロング・ショート・バリュー戦略と組み合わせれば、最も堅牢なマーケットニュートラルなポートフォリオを構築することができるのである。なぜなら、ロング・ショート・バリューとロング・ショート・モメンタムは強い「負の相関」を持つからである。これは、これら2つの戦略は異なる時期に機能する傾向があることを意味する。そして、モメンタムのこの分散化効果はシャープレシオではとらえることはできない。この効果をどう数値化するかが問題だ。そこで、私たちはシンプルなファクター分析を行い、3つのロング・ショート・モメンタム戦略のマーケットリスク、サイズリスク、バリューリスクに関連するリスクファクター[6]に対する因子負荷量を調べてみた。結果は**表A1.4**に示したとおりである。

　ファクター分析を見ると、3つの戦略ともにアルファがあることが分かる（アルファは以前の研究でもすでにあることが分かっている）。しかし、私たちはバリューファクター（HML）に注目した。バリュー

ファクターは、その戦略と一般的なロング・ショート・バリューポートフォリオとの統計学的関係を示す。価格モメンタムのバリューファクターに対する因子負荷量は−0.67と大きな負の値となった。したがって、価格モメンタムはバリュー戦略と組み合わせる第一候補になる。しかし、収益モメンタムであるSUEとCAR3のバリューファクターに対する因子負荷量はゼロに近い。つまり、SUEとCAR3は、ポートフォリオの観点から言えば、バリューポートフォリオと組み合わせる戦略としては適切とは言えないということになる。

　私たちはこの分析の実用的意義を調べるために、実証分析を行った。サンプル期間を1975年1月1日から2014年12月31日までとして、毎月50％の資産をバリューに配分し、残りの50％の資産をモメンタムに配分する4つのポートフォリオを作成した。まず、バリューポートフォリオを作成する。バリューポートフォリオは、EBIT／TEV（支払金利前税引前利益／トータル企業価値）でランク付けされた銘柄のうち、上位の十分位数の銘柄を買って、毎年リバランスする。そして、バリューポートフォリオを価格モメンタム戦略、SUE戦略、CAR3戦略、鍋の中のカエルモメンタムポートフォリオ（これら4つのモメンタム関連戦略は、毎月リバランスする）と組み合わせて4つのポートフォリオを作成する。第5章から第8章では、四半期ごとにリバランスするポートフォリオを推奨したが、ここでは比較をスムーズに行うために、毎月リバランスするポートフォリオを使う。第5章から第8章では、1974年から2014年までのリターンを使ったが、ここではSUEポートフォリオのデータに制約があるため、1975年から2014年までのリターンを使う。すべてのリターンは手数料や取引コスト込みの数値である。結果は**表A1.5**に示したとおりである。

　鍋の中のカエルモメンタムポートフォリオとバリューポートフォリオのコンボポートフォリオは年平均成長率とソルティノレシオが最も高い。SUEポートフォリオとバリューポートフォリオのコンボポート

表A1.5　バリュー・モメンタム・ポートフォリオの年次リターン

	カエルモメンタムに50%、バリューに50%配分	価格モメンタムに50%、バリューに50%配分	SUEに50%、バリューに50%配分	CARに50%、バリューに50%配分
年平均成長率	20.54%	19.72%	19.25%	17.92%
標準偏差	19.55%	19.84%	17.62%	19.05%
ダウンサイドリスク	14.36%	14.50%	13.48%	13.64%
シャープレシオ	0.81	0.77	0.82	0.71
ソルティノレシオ（最小受容リターン = 5%）	1.10	1.04	1.06	0.98
最大ドローダウン	-52.55%	-50.29%	-50.06%	-49.11%

フォリオも高いパフォーマンスを示しているが、カエル＋バリューのコンボポートフォリオには少し及ばない。ノビーマークスが示したSUEの結果は興味深く、考えてみる価値はあるものの、実践家のレンズを通して見ると、これは空騒ぎのしすぎのように思える。価格モメンタムが死んだことを示すほどの結果にはなっていない（もっと複雑なロング・ショート・ポートフォリオに興味のある読者は、収益モメンタム戦略についてもっと詳細に調べることをお勧めする）。

52週の高値はより優れたモメンタムシグナルなのか

　指標としての「52週の高値」はよく知られ、このデータは投資家も簡単に入手することができる。しかし、投資家はこの情報に合理的に反応しているだろうか。アンカリング効果やフレーミング効果（不適切な情報に影響される）によって、投資家は52週の高値シグナルには合理的に反応していないように思える。例えば、非合理的な投資家は、現在価格がファンダメンタルズベースで低く見積もられているかもしれないという事実を考慮することなく、52週の高値シグナルを売るシ

グナルとみなすこともある。

　マルコム・ベイカー、シン・パン、ジェフリー・ワーグラーが2012年に書いた論文[7]では、合併や買収における基準点価格の効果が分析されている。結果は驚くものである。以下は論文の要約からの抜粋である。

　　合併や買収の目標企業の前の株価のピークは、合併や買収に影響を与える。オファー価格は直近のピーク価格に偏っている。しかし、直近のピーク価格は経済的に言えばそれほど注目に値するものではない。オファーが受け入れられる可能性は、オファー価格がピーク価格を上回ると不連続的に跳ね上がる。

　したがって、ピーク価格（52週の高値）は実際に、合併が無条件に成立する可能性に影響を与える。こんなこと、大学院のときに読んだ効率的市場仮説（EMH）の教科書には書かれていなかったぞ！　52週の高値は合併や買収に影響を与えることは確かだが、銘柄選択のための統計量を使ったときはどうだろうか。52週の高値は直観的には、これまで本書で議論してきたレラティブストレングスモメンタムと関係がある。しかし、これは従来のモメンタムよりも良い測度なのだろうか。2004年、トーマス・J・ジョージとチュアンヤン・ホアンはこの問題に関する論文[8]を書いている。

　ジョージとホアンは、52週の高値戦略は従来のモメンタム戦略よりも優れていると結論づけている。この論文の結論は大胆だ。「52週の高値戦略のリターンは、ほかのモメンタム戦略のリターンのおよそ2倍である」

　ジョージとホアンはこの結果を次のように説明する。良いニュースによって株価が52週の高値近くまで上昇したとき、投資家はそれ以上の価格で買おうとはしない。たとえ、それが正当であっても。チャー

トがピークにあるときに株を買うという行為が引き起こす奇妙な感覚
が、株価をファンダメンタルズに到達させないのである。ファンダメ
ンタルズ情報は最終的には株価に織り込まれ、株価は上昇し、「モメン
タム」に似た効果が発生する。同様に、悪いニュースによって株価が
52週の高値から下落すると、トレーダーは最初は価格は「安すぎる」
と思えるので売りたがらない。しかし、ファンダメンタルズなニュー
スは最終的には株価に反映されるため、株価は下落する。したがって、
52週の安値近くで空売りすることで異常リターンを得ることができる。

　これらの結果はどう解釈すればよいのだろうか。私たちは本書で、モ
メンタム戦略は過去のリターンのみを使って構築すべきであることを
説明してきたが、この論文は、52週の高値インディケーターを使えば
利益は倍増すると主張する。戦略をもっとよく理解するために、私た
ちはこの論文の結果を再現し、検証してみた。

　私たちはまずオリジナル論文の結果を分析した。この論文では、1963
年から2001年までの米国で取引されているすべての株式をサンプルと
して使い、3つのモメンタム戦略を比較している。3つのモメンタム
戦略は以下のとおりである。

1. **価格モメンタム**　価格モメンタムポートフォリオは、過去6カ月
   のリターンに基づいて、パフォーマンスが上位（下位）30％の銘
   柄を買う（売る）。そして、6カ月ごとにリバランスする[9]。

2. **業種モメンタム**　1999年、トビー・モスコウィッツとマーク・グ
   リンブラットは業種モメンタムスクリーンを開発した[10]。株式ユ
   ニバースを20の業種に分け、各業種について時価加重リターンを
   計算する。業種モメンタムポートフォリオは、上位（下位）30％
   の業種の銘柄を買う（売る）。

3. **52週の高値モメンタム**　52週の高値ポートフォリオは、現在の株
   価が52週の高値に近い（から遠い）銘柄を買う（売る）。52週の高

値からの距離は1カ月前の株価をそれ以前の過去1年間の52週の高値で割ったものである。例えば、今が2015年12月31日だとすると、2015年11月30日の株価を、2014年11月30日から2015年11月30日までの52週の高値で割る。

　上記3つの戦略では、買いのポートフォリオと売りのポートフォリオを構成する銘柄は均等加重で、保有期間は6カ月、そしてオーバーラッピングポートフォリオを作成するために、毎月リバランスする。オリジナル論文の表2を見ると、上記3つのロング・ショート・モメンタムポートフォリオのなかで、利益が最も多かった（1月は除く）のは、52週の高値スクリーンを使ったものだった。この論文では、さまざまなファクターと市場のミクロ構造を考慮した場合に最も効果的だった戦略についても調べている。オリジナル論文の表5の回帰結果を見ると、52週の高値の勝者または敗者が、過去の個別株式リターンや業種ファクターよりも、将来のリターンの予測能力が高いことが分かる。

　これらの結果をすべて踏まえれば、52週の高値は価格モメンタムよりも良いトレードシグナルであると言える。しかし、私たちの株式ユニバースを使ったら結果はどうなるだろうか。ジョージとホアンの論文ではユニバースとしてすべての株式が使われている。したがって、小型株も含まれている。これによって結果は大きく歪む可能性がある。一方、私たちのユニバースには、比較的流動性のある中型株と大型株しか含まれておらず、データはより堅牢だ。そこで、私たちは52週の高値スクリーン変数を使ってポートフォリオを構築し、そのランク付けに基づいて株式を十分位数に分類した。ポートフォリオは毎月リバランスし、保有期間は1カ月、3カ月、および6カ月である。保有期間が3カ月と6カ月のポートフォリオとしてオーバーラッピングポートフォリオを使った。ポートフォリオは均等加重で、リターンは1974年

図A1.2　52週の高値スクリーンを使った十分位数リターン

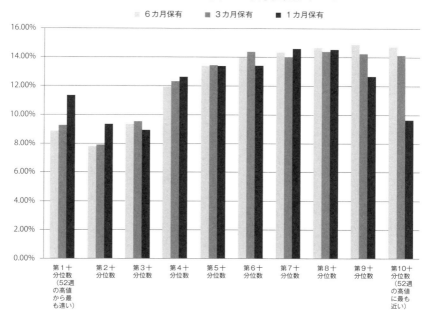

1月1日から2014年12月31日までのリターンを使った。リターンはすべて手数料込みの数値である。各十分位数の年平均成長率を示したものが**図A1.2**である。

　図A1.2の結果からはいくつかの重要なことが分かる。まず、保有期間が3カ月と6カ月のポートフォリオは、第1十分位数（52週の高値から最も離れている）から第10十分位数（52週の高値に最も近い）にかけて年平均成長率がほぼ単調増加しているという点だ。論文では52週の高値ロング・ショート・ポートフォリオを構築するのに、上位3つの十分位数を買って、下位3つの十分位数を売っているので、これは整合的だ。この論文では保有期間が6カ月のポートフォリオについて重点的に議論している。これは当然ながらパフォーマンスは最も良い。しかし、52週の高値戦略を毎月リバランスすると、パフォーマ

ンスが劇的に低下する。簡単な堅牢性テストにもパスしないほどだ。ポートフォリオの構造が少し変わっただけで結果がこれほど変わるとは、これはデータマイニングに当たるのかもしれないと不安になる。

　さらに悪いことに、52週の高値戦略の買い戦略（52週の高値に近い銘柄を買う）はあまり説得力がない。例えば、保有期間が３カ月の上位の十分位数の52週の高値ポートフォリオの年平均成長率は14.15％である。これは市場に比べるとそれほど悪くない（取引コスト込み）が、第５章で議論した価格モメンタムの上位の十分位数ポートフォリオ（保有期間が３カ月で、年平均成長率は17.10％）に比べるとはるかに低い。

　全体的に、52週の高値という概念は印象的ではあるが、この戦略がレラティブストレングス価格モメンタム戦略よりも効果的であるという確かな証拠はない。とはいえ、52週の高値は価格モメンタムアノマリーの全体的な方向性を示しており、また別のデータポイントとしての役割を果たしている。つまり、モメンタム戦略はニュースに対する市場全体の過小反応によって生じるミスプライシングを利用するものであると考えることができる。

アブソリートストレングスモメンタムはレラティブストレングスモメンタムを向上させることはできるのか

　フセイン・ギュレンとレリツァ・ペトコバの「Absolute Strength : Exploring Momentum in Stock Returns」[11]では、標準的なレラティブストレングスモメンタム戦略にひねりを加えた戦略が紹介されている。これまでにも述べてきたように、学術研究では一般的なモメンタム戦略は株式を過去12カ月（最後の月のリターンは除く）のモメンタムでランク付けし、それに基づいてポートフォリオを構築する。研究論文で紹介されているポートフォリオのほとんどは、勝ち組を買って、負

け組を売る。しかし、「勝ち組」銘柄と「負け組」銘柄は時間とともに変化する。例えば、ITバブルのときは、勝ち組となるには、過去のモメンタムスコアがおよそ250％（ピークに近い）である必要があったが、2008年の金融危機のときは、リターンが－5％を上回れば勝ち組とみなされた。レラティブ（相対）ストレングスによる勝者のリターンには大きな開きがあることは明らかだ（レラティブストレングスによる敗者も同様）。

　ギュレンとペトコバは、モメンタム戦略は「アブソルート（絶対）」ストレングススコアを重視することで改善することができるのではないかというアイデアを検証した。これは、入手可能なすべてのリターンを使ってカットオフ（最低限の利益率）を抽出し、勝者と敗者のヒストリカルカットオフを毎月見直すというものだ。例を見てみよう。今が1965年1月31日として、1965年以前のすべての年の、すべての株式のモメンタムスコア（過去12カ月のモメンタム。ただし、最も直近の月は除く）を算出する。したがって、1927年1月31日、1928年1月31日、……、1965年1月31日のすべての株式のモメンタムスコアが算出される。このサンプルセットから、10および90パーセンタイルの値を抽出し、これらの値を「アブソルート」モメンタムカットオフとして使う。カットオフ分析は毎月行われるので、パーセンタイルの値は時間とともに変化する。

　アブソルートモメンタムカットオフを使えば、勝ち組と負け組の定義は時間とともにそれほど変わることはない。この論文の結果を使えば、勝ち組のカットオフはおよそ60％で、負け組のカットオフはおよそ－35％である。ポートフォリオはこれらのカットオフポイントを満たす銘柄で構成される。このアプローチは直観的には魅力的だが、このアプローチで構築されるポートフォリオは保有する銘柄数が異なる。時には、保有する銘柄数が極端になることもある。例えば、オリジナル論文の数値を見てみると、2008年の金融危機のとき、勝ち組の数は

ほぼゼロになったが、負け組の数は1500を超えた。一方、レラティブストレングスモメンタムルールは、ユニバースのうち、上位10％の銘柄を買い、下位の10％の銘柄を売る。したがって、ユニバースの銘柄数が5000だとすると、レラティブストレングスポートフォリオは500の銘柄を買い、500の銘柄を売るため、ポートフォリオのサイズは常にバランスが取れたものになる。

ポートフォリオの構築問題はさておき、このアブソリートモメンタムポートフォリオのパフォーマンスはどうなのだろうか。アブソリートストレングスの強い銘柄を買い、弱い銘柄を売るこの論文の戦略は、1965年から2014年までの月々のリスク調整済みリターンは2.42％、2000年から2014年までは1.55％である。ロング・ショート・ポートフォリオの基準結果は素晴らしいものだ。

しかし、この論文で使われているユニバースに基づく結果には私たちは若干懐疑的だ。彼らのユニバースには小型株も含まれている。小型株はCRSPユニバースのおよそ60％を占めるが、ファーマとフレンチの2008年の論文[12]によれば、時価総額はわずか３％にすぎない。何百という小型株を買ったり売ったりするとどうなるか想像してみてもらいたい。

アブソリートモメンタムの結果の有効性を評価するために、米国の中型株と大型株からなるユニバースで同じ分析を行った。私たちは、オリジナル論文のレシピにしたがって、毎月アブソリートモメンタムシグナルを再構築した。**図A1.3**は時間とともに変化するブレイクポイントをプロットしたものだ。リターンのブレイクポイントは論文とほぼ同じだった —— 勝ち組のカットオフはおよそ60％で、負け組のカットオフはおよそ－35％。勝ち組ポートフォリオには、勝ち組カットオフを上回る銘柄のみを含め、負け組ポートフォリオには、負け組カットオフを下回る銘柄のみを含めた。前にも述べたように、このアプローチには変則的なポートフォリオ構築要素が含まれている。**図A1.4**

図A1.3　アブソルートモメンタムブレイクポイント

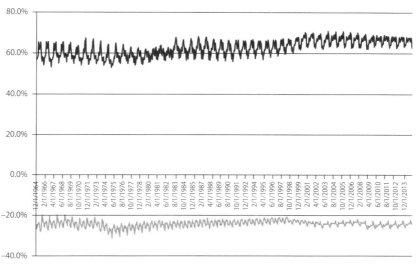

はアブソルートモメンタムポートフォリオ（勝ち組ポートフォリオと
負け組ポートフォリオ）とレラティブモメンタムポートフォリオ（勝
ち組ポートフォリオと負け組ポートフォリオ）に含まれる銘柄数をグ
ラフ化したものだ。

　オリジナル論文同様、ポートフォリオのサイズには大きな変動が見
られる。アブソルートモメンタムポートフォリオは金融危機の2009年
1月に、1つの銘柄を買い、800を超える銘柄を売っている。

　次に、アブソルートモメンタム・ロング・ショート戦略のパフォー
マンスを調べてみることにしよう。検証するのは、1965年1月から2014
年12月までの均等加重の毎月リバランスするロング・ショート・ポー
トフォリオのリターンである。リターンはすべてトータルリターンで、
手数料や取引コスト込みの数値である。結果は**表A1.6**に示したとお
りである。

図A1.4　アブソルートモメンタムポートフォリオに含まれる銘柄数

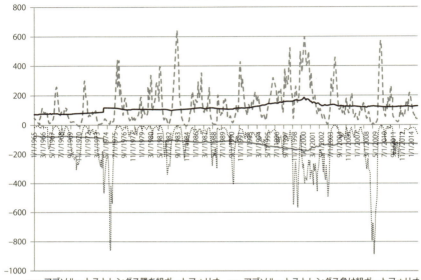

ポートフォリオに含まれる毎月の銘柄数

-- アブソルートストレングス勝ち組ポートフォリオ　　…… アブソルートストレングス負け組ポートフォリオ
— レラティブストレングス負け組ポートフォリオ　　— レラティブストレングス勝ち組ポートフォリオ

表A1.6　アブソルートモメンタムのロング・ショート・ポートフォリオ のリターン

	アブソルートスト レングス（ロング・ ショート）	レラティブストレ ングス（ロング・ ショート）	S&P500
年平均成長率	25.28%	17.97%	10.01%
標準偏差	23.26%	24.02%	15.04%
ダウンサイドリスク	17.57%	20.58%	10.64%
シャープレシオ	0.88	0.61	0.38
ソルティノレシオ （最小受容リターン＝5%）	1.17	0.71	0.54
最大ドローダウン	-68.27%	-70.86%	-50.21%

表A1.7　アブソルートモメンタムの買いのみのポートフォリオのリターン

	アブソルートモメンタム勝ち組ポートフォリオ	レラティブモメンタム勝ち組ポートフォリオ	アブソルートモメンタム負け組ポートフォリオ	レラティブモメンタム負け組ポートフォリオ
年平均成長率	18.91%	18.74%	-3.42%	2.40%
標準偏差	24.85%	25.11%	26.17%	26.20%
ダウンサイドリスク	17.06%	17.41%	17.09%	17.39%
シャープレシオ	0.63	0.62	-0.19	0.03
ソルティノレシオ（最小受容リターン = 5%）	0.91	0.89	-0.29	0.04
最大ドローダウン	-65.09%	-58.40%	-94.10%	-82.01%

　結果は論文の結果とほぼ同じである。アブソルートモメンタム・ロング・ショート・ポートフォリオはレラティブストレングスポートフォリオをすべての統計量で上回っている。アブソルートモメンタムの概念をもう少し掘り下げて調べるために、買いのポートフォリオと売りのポートフォリオのパフォーマンスを別々に調べてみた。

　表A1.7は4つのポートフォリオ（アブソルートストレングスの勝ち組ポートフォリオと負け組ポートフォリオ、レラティブストレングスの勝ち組ポートフォリオと負け組ポートフォリオ）の結果を示したものだ。ポートフォリオは均等加重で、毎月リバランスする。検証期間は1965年1月から2014年12月までである。リターンはすべてトータルリターンで、手数料・取引コスト込みの数値である。

　結果を見てみると、買いのみの勝ち組ポートフォリオはアブソルートモメンタムとレラティブモメンタムではほぼ同じだが、古典的な価格モメンタム戦略に比べると、アブソルートモメンタム戦略のほうがわずかに良い。ところが、アブソルートモメンタムの負け組ポートフォリオは、レラティブモメンタムの負け組ポートフォリオに比べるとはるかに悪い。この結果から言えることは、ロング・ショート・アブ

ソルートモメンタム戦略とロング・ショート・レラティブモメンタム戦略のパフォーマンスの違いは、ショートによるものであるということである。

もう1つの問題は、アブソルートモメンタムルールでは、毎月異なるサイズのポートフォリオが生成される可能性があるという点だ。逆に、レラティブストレングスシグナルによるポートフォリオに毎月含まれる銘柄数はほぼ一定だ。間接的には、アブソルートモメンタムルールは、投資家をバックテストでとらえきれないほど多くのリスクにさらす。例えば、2009年1月、アブソルートモメンタムポートフォリオは1つの銘柄を買って、800を超える銘柄を売った。1つの銘柄からなるポートフォリオを保有することを良識的と考える投資家はそうはいないだろう。これは過去データではそれほど大きな影響は及ぼさなかったが、アウトオブサンプルテストでは深刻な結果がもたらされる可能性が高い。

モメンタムのボラティリティは制限することができるのか

モメンタム投資のデメリットは、高モメンタムポートフォリオはドローダウンが大きく、ボラティリティも高いという点だ。これは悪い特徴だが、モメンタムが持続可能な理由——モメンタムは裁定が難しい——でもある。しかし、モメンタム戦略のボラティリティを管理するもっと良い方法があるはずだ。ユーフェン・ハン、グオフー・チョウ、インジ・ジューの試み[13]は極めて印象的だ。彼らは古典的なロング・ショート・モメンタムポートフォリオにシンプルな損切りルールを適用した。

結果は驚くべきものだった。彼らは10%の損切りルールを使って、月々の最大損失を-49.79%から-11.36%に低減した。また、シャープ

レシオは２倍以上になった。

トレードルールは３つのルールにまとめることができる。

1. 過去のリターン（論文では過去７カ月のリターンを使っている。ただし、最も直近の月は除く）に基づいて、ロング・ショート・ポートフォリオを毎月リバランスする。
2. 買いのポートフォリオを毎日モニターする。買いポジションがX％（例えば、10％）下落したら、そのポジションを手仕舞い、その資金を月末まで無リスクレートに投資する。
3. 売りのポートフォリオを毎日モニターする。売りポジションがX％（例えば、10％）上昇したら、そのポジションを手仕舞い、その資金を月末まで無リスクレートに投資する。

表A1.8は論文の数値を示したものだ。

ポートフォリオは月々のドローダウンが減少するだけでなく、損切りルールを使うことで平均リターンは上昇している。勝ち組ロング・ショート・ポートフォリオから負け組ロング・ショート・ポートフォリオを差し引いたもの（WML）を調べてみると、月々の平均リターンは５％ルールを使ったときが最も高い。ドローダウンを減少させ、リターンを上昇させる戦略はどんな戦略でも説得力があり、再検討する価値がある。

もちろん、金融市場においては簡単なものはない。時には簡単に見えることもあるが、けっして簡単なものはない。損切りアプローチの欠点は、すべての株式ポジションを毎日評価する必要があることである。これはコスト面もさることながら、多くの投資家にとって実行するのは難しい。また、買いのみの投資家の視点から見ると、損切り戦略のメリットはほとんどない。例えば、10％の損切りルールを使ったモメンタム戦略の月々の平均リターンが1.27％だとすると、これは月々

表A1.8　均等加重の損切りモメンタムの月々のリターン

変数	平均リターン（%）	最低リターン（%）
	パネルA――オリジナルのモメンタム	
市場	0.65	−29.10
負け組	0.24	−39.50
勝ち組	1.24	−33.06
WML	0.99	−49.79
	パネルB――10%の損切り	
負け組	−0.42	−39.27
勝ち組	1.27	−12.87
WML	1.69	−11.36
	パネルC――5%の損切り	
負け組	−0.83	−36.34
勝ち組	1.53	−8.48
WML	2.35	−8.94

の平均リターンが1.24%の買いのみのバイ・アンド・ホールド・モメンタム戦略とほぼ同じである。とはいえ、損切りアプローチにはリスク管理面でメリットがある。これに関してはこのあと詳しく分析する。

　前の分析と同じように、損切り戦略を私たちの条件の下で検証してみた。用いたユニバースは米国で取引されている中型株と大型株からなり、分析したのは買いのみのポートフォリオのみである。リターンはコスト込みで、管理手数料や取引手数料は含まない。検証期間は1927年1月1日から2013年12月31日までで、これは論文のサンプル期間と同じである。私たちは次の4つのポートフォリオを検証した。

1. **高モメンタムポートフォリオ**　過去のモメンタム（過去12カ月のトータルリターン。ただし、最後の月は除く）でランク付けされた上位10%の銘柄。ポートフォリオは毎月リバランスし、均等加

重で構成。

2．10％の損切りルールを使った高モメンタムポートフォリオ　過去

のモメンタム（過去12カ月のトータルリターン。ただし、最後の月は除く）でランク付けされた上位10％の銘柄。ポートフォリオは毎月リバランスし、均等加重で構成。その月に10％下落した銘柄があったら、その銘柄を売り、月末まで現金で持つ。ポートフォリオは月末には上位10％のモメンタム株で再びリバランスされる。

3．5％の損切りルールを使った高モメンタムポートフォリオ　過去

のモメンタム（過去12カ月のトータルリターン。ただし、最後の月は除く）でランク付けされた上位10％の銘柄。ポートフォリオは毎月リバランスし、均等加重で構成。その月に5％下落した銘柄があったら、その銘柄を売り、月末まで現金で持つ。ポートフォリオは月末には上位10％のモメンタム株で再びリバランスされる。

4．S&P500　S&P500指数のトータルリターン。

　分析結果は**表A1.9**に示したとおりである。

　買いのみの一般的なモメンタムポートフォリオの年平均成長率は、リスク管理したポートフォリオよりもはるかに高い。ただし、リスク特性は損切りシステムのほうがはるかに良い。しかし、リスク特性は損切りルールに大きく依存している。これは堅牢性に問題があることを示唆するものだ。一般的なモメンタムは10％の損切りルールよりも良いが、リスク調整ベースでは5％ルールのほうが良い。

　結局、損切りルールは興味深いが、損切りを使う以外にもリスク管理の方法はある。例えば、買いのみのモメンタム戦略に長期トレンドフォロールール[14]および・または時系列モメンタムルール（ゲイリー・アントナッチ著『**ウォール街のモメンタムウォーカー**』［パンローリン

表A1.9　損切りを使ったモメンタムのパフォーマンス

	高モメンタム	10％の損切りを使った高モメンタム	5％の損切りを使った高モメンタム	S&P500
年平均成長率	19.34%	15.47%	15.29%	9.91%
標準偏差	24.78%	22.19%	18.31%	19.18%
ダウンサイドリスク	18.26%	12.73%	8.36%	14.26%
シャープレシオ	0.70	0.61	0.68	0.41
ソルティノレシオ （最小受容リターン＝5%）	0.87	0.93	1.31	0.44
最大ドローダウン	-71.73%	-64.02%	-48.11%	-84.59%

グ]）を適用することで、複雑化やモメンタムポートフォリオを毎日評価するといった業務上の雑事を避けることができる。例えば、S&P500の過去12カ月のリターンが無リスクレートを上回る場合はモメンタムポートフォリオを買い、そうでない場合は、ポートフォリオを無リスク債券に投資するという簡単な時系列モメンタムトレードルールを考えてみよう。

　私たちはこのルールを使って次の4つのポートフォリオを検証してみた。

1. 時系列モメンタムルール（TSMOM）を用いた高モメンタムポートフォリオ　過去のモメンタム（過去12カ月のトータルリターン。ただし、最後の月は除く）によってランク付けした上位10％の銘柄。ポートフォリオは毎月リバランスし、均等加重で構成。12カ月時系列モメンタムトレードルールを毎月適用する。

2. 高モメンタムポートフォリオ　過去のモメンタム（過去12カ月のトータルリターン。ただし、最後の月は除く）によってランク付けした上位10％の銘柄。ポートフォリオは毎月リバランスし、均

等加重で構成。

3. 10%の損切りルールを用いた高モメンタムポートフォリオ　過去
のモメンタム（過去12カ月のトータルリターン。ただし、最後の
月は除く）によってランク付けした上位10%の銘柄。ポートフォ
リオは毎月リバランスし、均等加重で構成。その月に10%下落し
た銘柄があったら、その銘柄を売り、月末まで現金で持つ。ポー
トフォリオは月末には上位10%のモメンタム株で再びリバランス
される。

4. 5%の損切りルールを用いた高モメンタムポートフォリオ　過去
のモメンタム（過去12カ月のトータルリターン。ただし、最後の
月は除く）によってランク付けした上位10%の銘柄。ポートフォ
リオは毎月リバランスし、均等加重で構成。その月に5%下落し
た銘柄があったら、その銘柄を売り、月末まで現金で持つ。ポー
トフォリオは月末には上位10%のモメンタム株で再びリバランス
される。

　検証期間は1928年1月1日から2013年12月31日までである（1927年
を含まないのは、時系列モメンタムルールを適用するのに12カ月分の
データが必要だから）。結果は手数料込みで、リターンはすべてトータ
ルリターンで、配当の再投資を含むものとする。

　結果は**表A1.10**に示したとおりである。この結果から分かることは、
毎月見直されるシンプルなリスクマネジメントルールをポートフォリ
オに適用すると、毎日評価しなければならない損切りルールよりも、簡
単で、しかもリスクコントロールは同じ水準を達成できるということ
である。

　ポートフォリオのボラティリティを管理したいのであれば、まず最
良の買いのみのモメンタムポートフォリオを作成し、それを最良の買
いのみのバリューポートフォリオと組み合わせることをお勧めする。2
つのポートフォリオを組み合わせ、リスク調整ベースで最高の期待株

表A1.10 時系列モメンタムポートフォリオのパフォーマンス

	TSMOMを使った高モメンタムポートフォリオ	高モメンタムポートフォリオ	10%損切りルールを使った高モメンタムポートフォリオ	5%損切りルールを使った高モメンタムポートフォリオ
年平均成長率	16.57%	18.93%	15.06%	14.88%
標準偏差	20.97%	24.84%	22.23%	18.32%
ダウンサイドリスク	16.80%	18.31%	12.75%	8.36%
シャープレシオ	0.68	0.69	0.59	0.66
ソルティノレシオ （最小受容リターン＝5%）	0.75	0.85	0.91	1.26
最大ドローダウン	−50.99%	−71.73%	−64.02%	−48.11%

式プレミアムをとらえることができれば、リスクマネジメントルールをポートフォリオレベルで行うことができる。このアプローチの詳細については本書の枠を超えるのでこれ以上は述べないが、ポートフォリオレベルのリスクマネジメントを行うのであれば、簡単なトレンドフォロールールと時系列モメンタムタイプのルールを使うことをお勧めする。

付録B　パフォーマンス統計量の説明

表A2.1は本書で使われるパフォーマンス統計量の説明である。

表A2.1　パフォーマンス統計量の説明

統計量	説明
標準偏差	サンプルの標準偏差（12の平方根で年次換算）
ダウンサイドリスク	サンプルの負の観測値の標準偏差（12の平方根で年次換算）
シャープレシオ	月々のリターンから無リスクレートを差し引いたものを、標準偏差で割ったもの（12の平方根で年次換算）
ソルティノレシオ（最小受容リターン＝5％）	月々のリターンから最小許容リターン（最小受容リターン÷12）を差し引いたものをダウンサイドリスクで割ったもの（12の平方根で年次換算）
最大ドローダウン	ドローダウンは累積損益が過去最大の時から一時的にどれくらい減ったかを示すもので、その下落率で最大のものを最大ドローダウンと言う
最悪の月のリターン	月々のパフォーマンスで最悪のもの
最良の月のリターン	月々のパフォーマンスで最良のもの
利益の出た月の割合	月々のパフォーマンスが正のリターンを示した月の割合

本書のウェブサイトについて

　本書のウェブサイトには、https://www.alphaarchitect.com/ からアクセスすることができる。

　当ウェブサイトで提供されているサービスは以下のとおりである。

●本書で述べたモメンタム銘柄を見つけるためのスクリーンツール

●モメンタム投資についての追加研究

●定量的投資の開発についてのブログ（継続的に更新）

●ほかにもいろいろな情報が満載

注釈

第1章

1. テレサ・コルゾとマーガリータ・プラットとエスター・バケロ著「Behavioral Finance In Joseph de la Vega's Confusion de Confusiones」(The Journal of Behavioral Finance 15、2014年、341～350ページ)。

2. 『コンフュージオン・デ・コンフュージョネス』(1688年)の英語版は、https://babel.hathitrust.org/cgi/pt?id=uc1.32106019504239;view=1up;seq=13 から入手可能。

3. ジャスミナ・ハサンホジッチの1979年のMIT(マサチューセッツ工科大学)修士論文「Technical Analysis : Neural network based pattern recognition of technical trading indicators, statisitcal evaluation of their predictive value and a historical overview of the field」。http://dspace.mit.edu/handle/1721.1/28725#files-area。

4. DVD『スティーブ・ニソンのローソク足のツボ』(パンローリング)。

5. 南カリフォルニア大学・ロースクールの卒業式でのスピーチ。2007年5月。https://www.youtube.com/watch?v=NkLHxMWAZgQ。

6. ウェスリー・グレイとトビアス・カーライル著『Quantitative Value : A Practitioner's Guide to Automating Intelligent Investment and Eliminating Behavioral Errors』とクリス・ゲーチとミハイル・サモノフ著「Two Centuries of Price Return Momentum」(Financial Analysts Journal、2016年)を参照。

7. ゲイリー・アントナッチ著『ウォール街のモメンタムウォーカー』(パンローリング)、およびトビアス・モスコウィッツとヤオ・オオイとラッセ・ペダーセン著「Time Series Momentum」(Journal of Financial Economics 104、2012年、228～250ページ)を参照。

8. 実践者の観点では、アンドレア・クレノー著『Stocks on the Move : Beating the Market with Hedge Fund Momentum Strategies』(2015年に自費出版)、および学術議論については、ナラシムハン・ジェガディーシュとシェリダン・ティットマン著「Returns to Buying Winners and Selling Losers : Implications for Stock Market Efficiency」(The Journal of Finance 48、1993年、65～91ページを参照。

9. 個々の銘柄選択の文脈とは異なるアセットアロケーションの文脈におけるデュアルモメンタムの議論については、アントナッチの『ウォール街のモメンタムウォーカー』(パンローリング)を参照。同書では投資システムにおいては両方のタイプのモメンタムを使うという考え方が示されている。

第2章

1. ウェスリー・グレイ著『Embedded : A Marine Corps Advisor Inside the Iraqi Army』。

2. 「The Cross-Section of Expected Stock Returns」（The Journal of Finance 47、1992年、427〜465ページ）。

3. スティーブン・S・クローフォードとウェスリー・R・グレイとアンドリュー・E・カーン著「Why Do Fund Managers Identify and Share Profitable Ideas?」（Journal of Financial and Quantitative Analysis）。

4. ニック・バーベリスとリチャード・ターラー著「A Survey of Behavioral Finance」。G・M・コンスタンチナイズとM・ハリスとR・M・スタルツ著『Handbook of the Economics of Finance』（第1版第1巻第18章、1053〜1128ページ。North Holland：Elsevier、2003年）。

5. これは一般にはケインズが言ったと言われているが、彼が実際に言ったとする証拠はほとんどない。ジェイソン・ツバイク著「Kaynes：He Didn't Say Half of What He said. Or Did He?」（ウォール・ストリート・ジャーナル、2011年2月11日付。https://blogs.wsj.com/marketbeat/2011/02/11/keynes-he-didnt-say-half-of-what-he-said-or-did-he/ を参照）。

6. 「Noise Trader Risk in Financial Markets」（Journal of Political Economy 98、1990年、703〜738ページ）。

7. ラリー・スエードロー著「Behavioral Finance Falls Short」（2015年4月24日）。

8. バーベリスとターラー。このほかにも、ビル・シャープのアクティブマネジメントの計算に関する議論も、なぜアクティブマネジャーが市場を打ち負かすことができないのかを説明するうえで一定の役割を果たしている。

9. E・レイズ著「Best Stock Fund of the Decade：CGM Focus」（ウォール・ストリート・ジャーナル、2009年12月31日号）。https://www.wsj.com/articles/SB10001424052748704876804574628561609012716。

10. 図2.3を参照。ドル加重リターンとバイ・アンド・ホールドのリターンの差は、部分的にはCGMフォーカスファンドの経験したリターンシーケンスによる。詳しくは、マイケル・キッチズ著「Does the DALBAR Study Grossly Overstate the Behavior Gap」（2012年10月3日）を参照。https://www.kitces.com/blog/does-the-dalbar-study-grossly-overstate-the-behavior-gap-guest-post/。

11. 「The Limits of Arbitrage」（The Journal of Finance 52、1997年、35〜55ページ）。

12. 2005年5月4日のウェスコの財務年次総会での発言。ホイットニー・ティルソンの覚書より。http://www.tilsonfunds.com/wscmtg05notes.pdf。

13. http://mba.tuck.dartmouth.edu/pages/faculty/ken.french/data_library.html。

14. ユージン・ファーマの2008年のアメリカ金融学会でのインタビュー。http://www.afajof.org/details/video/2870921/Eugine-Fama-Interview.html。

15. The Journal of Finance 49（5）、1994年、1541〜1578ページ。

16. Journal of Financial Economics 43、1997年、3〜27ページ。余談だが、この論文では、デチャウとスローアンは、1994年のLSVの論文が示すように、バリューアノマリーは非合理的な投資家が過去の成長率を単純に将来に当てはめたことによって生じたわけではなく、市場参加者が楽観的すぎるアナリスト予測を間違って信じたがためであると述べている。図2.5に使われている評価測度はBMRであることに注目しよう。

PER（株価収益率）のようなほかの評価測度を使えば同じような説得力のある結果は
得られなかったと思われるが、違った評価測度をよく調べてみると、バリューアノ
マリーは、部分的には投資家の予測エラーによって生じるミスプライシングによる
ものであり、追加リスクによって完全に説明することはできない。

17. The Journal of finance 59、1993年、2013～2040ページ。

18. アンドリュー・バリー著「What's Wrong, Warren?」（バロンズ、1999年）。http://
www.barrons.com/articles/SB945992010127068546。

19. The Journal of Finance 48、1993年、65～91ページ。

20. クリス・ゲーチとミハイル・サモノフ著「Two Centuries of Price Return Momentum」
（Financial Analysts Journal、2016年）。

21. クリフォード・S・アスネス、トビアス・J・モスコウィッツ、ラッセ・ペダーセ
ン著「Value and Momentum Everywhere」（The Journal of Finance 68（3）、2013
年、929～985ページ）。

第3章

1. ロバート・ブロック著『バフェット・バイブル —— 本物だけを見抜き富を築く最強
投資家の言葉』（［徳間書店］）。

2. The Journal of Finance 22、1967年、595～610ページ。

3. ジェンセンとベニントンはレビューの論文を「Random Walks and Technical Theories
: Some Additional Evidence」（The Journal of Finance 25、1970年、469～482ペー
ジ）のなかで批判した。

4. マーク・カーハート著「On Persistence in Mutual Fund Performance」（The Journal
of Finance 52、1997年、57～82ページ）。

5. ユージン・F・ファーマとケネス・R・フレンチ著「Dissecting Anomalies」（Journal
of Financial Economics 63、2008年、1653～1678ページ）。

6. 同上。

7. ジャスティン・ビル著「Confusion of Confusions : A Test of the Disposition Effect
and Momentum」（The Review of Financial Studies 28、2015年、1849～1873ページ）。

8. トーマス・ジョージとチュアンヤン・ホアン著「The 52-Week High and Momentum
Investing」（The Journal of Finance 59、2004年、2145～2176ページ）。

9. ジェームズ・デービス著「The Cross-Section of Realized Stock Returns : The
Pre-COMPUSTAT Evidence」（The Journal of Finance 49、1994年、1579～1593ペ
ージ）とユージン・F・ファーマとケネス・R・フレンチ著「Size and Book-to-
Market Factors in Earnings and Returns」（The Journal of Finance 50、1995年、131
～155ページ）を参照。

10. ケント・ダニエルとシェリダン・ティトマン著「Evidence on the Characteristics of
Cross Sectional Variation in Stock Returns」（The Journal of Finance 52、1997年、1

～33ページ）、ジョセフ・ピオトロスキーとエリック・ソー著「Identifying Expecta-tion Errors in Value/Glamour Strategies : A Fundamental Analysis Approach」（The Review of Financial Studies 25、2012年、2841～2875ページ）、ジャック・ボーゲル著「Essays on Empirical Asset Pricing」（2014年にドレクセル大学で書かれた論文）を参照。

11. ビーバー・ウィリアム、モーリーン、マクニコルズ、リチャード・プライス著「Del-isting Returns and Their Effect on Accounting-based Market Anomalies」（Journal of Accounting and Economics 43、2007年、341～368ページ）。

12. クリフ・アスネス、アンドレア・フラツィーニ、ロン・イスラエル、トビー・モスコウィッツ著「Fact, Fiction, and Momentum Investing」（The Journal of Portfolio Management 40、2014年、75～92ページ）。

13. http://mba.tuck.dartmouth.edu/pages/faculty/ken.french/data_library.html。

14. Journal of Financial Economics 49、1998年、283～306ページ。

15. ニコラス・バーベリス、アンドレ・シュライファー、ロバート・ビシュニー著「A Model of Investor Sentiment」（Journal of Financial Econimics 49、1998年、307～343ページ）。ハリソン・ホンとジェレミー・シュタイン著「A Unified Theory of Underreaction, Momentum Trading, and Overreaction in Asset Markets」（The Journal of Finance 54、1999年、2143～2184ページ）。ケント・ダニエル、デビット・ハーシュリーファー、アバニダー・スプラフマニヤム著「A Theory of Overconfidence, Self-Attribution, and Security Market Under- and Over-reaction」（The Journal of Finance 53、1998年、1839～1885ページ）。

16. しかし、バーベリスたちの論文に否定的な研究結果もある。例えば、アレクサンダー・ヒラート、ヘイコ・ジェイコブズ、セバスチャン・ミュラー著「Media Makes Momentum」（The Review of Financial Studies 27、2014年、3467～3501ページ）。これらの理論はおそらくはモメンタム投資に関する動かぬ証拠を説明するのにある程度の役割を果たすと思われる。モメンタム投資は、たとえバーベリスたちの論文にあるような形態をとらないにしても、行動バイアスによって生みだされているのは明らかである。

17. デール・グリフィンとエイモス・トベルスキー著「The Weighing of Evidence and the Determinants of Confidence」（Cognitive Psychology 24、1992年、411～435ページ）。

18. ロバート・ブルームフィールドとジェフリー・ヘールズ著「Predicting the Next Step of a Random Walk : Experimental Evidence of Regime-Shifting Beliefs」（Journal of Financial Economics 65、2002年、397～414ページ）。

19. クリフ・アスネス、トビー・モスコウィッツ、ラッセ・ペダーセン著「Value and Momentum Everywhere」（The Journal of Finance 68、2013年、929～985ページ）。

20. アンドレア・フラツィーニ、ローネン・イスラエル、トビー・モスコウィッツ著「Trading Costs of Asset Pricing Anomalies」（AQR ワーキングペーパー、2014年）。

第4章

1. 2008年のアメリカ金融学会でのインタビュー（http://www.afajof.org/details/video/2870921/Eugene-Fama-Interview.html）。
2. 「Momentum in Japan : The Exception that Proves the Rule」（The Journal of Portfolio Management 37、2011年、67〜75ページ）。
3. ユージン・F・ファーマとケネス・R・フレンチ著「Dissecting Anomalies」（Journal of Financial Economics 63、2008年、1653〜1678ページ）。
4. 一般的なモメンタム戦略の改善によって、モメンタム戦略は日本でも機能するようになった。例えば、デニス・チャベス著「Eureka! A Momentum Strategy that also Works in Japan」（SSRNワーキングペーパー、2012年）。https://papers.ssrn.com/sol3/papers.cfm?abstract_id=1982100。
5. 「Value and Momentum Everywhere : Portfolios, Monthly」（AQR、2016年1月31日）。https://www.aqr.com/library/data-sets/value-and-momentum-everywhere-portfolios-monthly。
6. ケネス・フレンチ著「Current Research Returns」。http://mba.tuck.dartmouth.edu/pages/faculty/ken.french/data_library.html。MOMは、2〜12カ月モメンタムに基づく上位の十分位数の時価加重ポートフォリオで、VALUEはBMR（簿価時価比率）に基づく上位の十分位数の時価加重ポートフォリオ。
7. クリフ・アスネス、トビー・モスコウィッツ、ラッセ・ペダーセン著「Value and Momentum Everywhere」（The Journal of Finance 68、2013年、929〜985ページ）。
8. 「Value and Momentum Everywhere : Portfolio, Monthly」。

第5章

1. The Quuarterly Journal of Economics 105、1990年、1〜28ページ。
2. The Journal of Finance 45、1990年、881〜898ページ。
3. http://mba.tuck.dartmouth.edu/pages/faculty/ken.french/data_library.html。
4. ツイー・ダ、チェンチウ・リウ、エアスト・シャウムブルク著「A Closer Look at the Short-Term Return Reversal」（Management Science 60、2014年、658〜674ページ）。
5. The journal of Finance 40、1985年、193〜805ページ。
6. トーマス・ジョージとチュアンヤン・ホアン著「Long-Term Return Reversals : Overreaction or Taxes?」（The Journal of Finance 62、2007年、2865〜2896ページ）。
7. The Journal of Finance 48、1993年、65〜91ページ。
8. デビット・A・レスモンド、マイケル・J・シル、チャンシェン・チョウ著「The Illusory Nature of Momentum Profits」（Journal of Financial Economics 71、2004年、349〜380ページ）。

9. ロバート・コラージチャイクとロニー・サッカ著「Are Momentum Profit Robust to Trading Costs?」（The Journal of Finance 59、2004年、1039～1082ページ）。

10. アンドレア・フラツィーニ、ローネン・イスラエル、トビアス・J・モスコウィッツ著「Trading Costs of Asset Pricing Anomalies」（ワーキングペーパー、2015年）。

11. グレッグ・フィッシャー、ロニー・シャー、シェリダン・ティトマン著「Combining Value and Momentum」（Journal of Investment Management）。

第6章

1. 「Frog in the Pan : Continuous Information and Momentum」（The Review of Financial Studies 27、2014年、2171～2218ページ）。

2. Management Science 58、2012年、35～51ページ。

3. Journal of Financial Economics 99、2011年、427～446ページ。

4. アンドレア・フラツィーニとラッセ・H・ペダーセン著「Betting Against Beta」（Journal of Financial Economics 111、2014年、1～25ページ）。

5. トゥラン・G・バリ、ステファン・ブラウン、スコット・マレイ、イー・タン著「Betting Against Beta or Demand for Lottery?」（ワーキングペーパー、2016年）。

6. ヘイコ・ジェイコブス、トビアス・レゲール、マーティン・ウエーバー著「Expected Skewness and Momentum」（ワーキングペーパー、2015年）。

7. フランチェスカ・ジーナとマックス・H・ベイザーマン著「When Misconduct Goes Unnoticed : The Acceptability of Gradual Erosion in Other's Ethical Behavior」（Journal of Experimental Social Psychology 45、2009年、708～719ページ）。

8. ニコラス・バーベリス、アンドレ・シュライファー、ロバート・ビシュニー著「A Model of Invester Sentiment」（Journal of Financial Economics 49、1998年、307～343ページ）。

9. 第5章でも述べたが、ジェガディーシュとティトマンの論文「Return to Buying Winners and Selling Losers : Implications for Stock Market Efficiency」（The Journal of Finance 48、1993年、65～91ページ）のなかでも述べられている。

10. ハリソン・ホン、テレンス・リム、ジェレミー・C・シュタイン著「Bad News Travels Slowly : Size, Analyst Coverage, and the Profitability of Momentum Strategies」（The Journal of Finance 55、2000年、265～295ページ）。

11. 「The Disposition to Sell Winners Too Early and Ride Losers Too Long : Theory and Evidence」（The Journal of Finance 40、1985年、777～790ページ）。

12. ジャスティン・ビル著「Confusion of Confusions : A Test of the Disposition Effect and Momentum」（The Review of Financial Studies 28、2015年、1849～1873ページ）。

13. アンドレア・フラツィーニ著「The Disposition Effect and Underreaction to News」（The Journal of Finance 61、2006年、2017～2046ページ）。

14. チャールズ・M・C・リーとバスカラン・スワミナサン著「Price Momentum and

Trading Volume」（The Journal of Finance 55、2000年、2017〜2069ページ）。

第7章

1．「Predicting Anomaly Performance with Politics, the Weather, Global Warming, Sunspots, and the Stars」（Journal of Financial Economics 112、2014年、137〜146ページ）。

2．同上。

3．「Are Monthly Seasonals Real? A Three Century Perspective」（Review of Finance 17、2013年、1743〜1785ページ）。

4．「Return Seasonalities」（The Journal of Finance 71、2016年、1557〜1590ページ）。

5．「Causes and Seasonality of Momentum Profits」（Financial Analysts Journal 63、2007年、48〜54ページ）。

6．「Seasonal Variations in the New York Money Market」（American Economic Review 1、1911年、33〜49ページ）。

7．「The Year-End Trading Activities of Institutional Investors : Evidence from Daily Trades」（The Review of Financial Studies 27、2014年、1593〜1614ページ）。

8．The Review of Financial Studies 21、2008年、2379〜2416ページ。

9．「Winners in the Spotlight : Media Coverage of Fund Holdings as a Driver of Flows」（Journal of Financial Economics 113、2014年、53〜72ページ）。

10．「Quarterly Trading Patterns of Financial Institutions」（The Journal of Business 77、2004年、493〜509ページ）。

11．「Window Dressing in Mutual Funds」（The Review of Financial Studies 27、2014年、3133〜3170ページ）。

12．「Certain Observations on Seasonal Movements in Stock Prices」（The Journal of Business of the University of Chicago 15、1942年、184〜193ページ）。

13．「Capital Market Seasonality : The Case of Stock Returns」（Journal of Financial Economics 3、1976年、379〜402ページ）。

14．アンドリュー・スザクマリーとディーン・キーファー著「The Disappearing January/Turn of the Year Effect : Evidence from Stock Index Futures and Cash Markets」（Journal of Futures Markets 24、2004年、755〜784ページ）。

15．「Vas Ist Das?」（The Journal of Portfolio Management 9、1983年、18〜28ページ）。

16．「Size-related Anomalies and Stock Return Seasonality」（Journla of Financial Economics 12、1983年、13〜32ページ）。

17．「The Anomalous Stock Market Behavior of the Small Firms in January」（Journal of Financial Economics 12、1983年、89〜104ページ）。

18．「All Things Considered, Taxes Drive the January Effect」（The Journal of Financial Research 27、2004年、351〜371ページ）

19. 「Predicting Stock Price Movements from Past Returns : The Role of Consistency and Tax-loss Selling」(Journal of Financial Economics 71、2004年、541〜579ページ)。

20. 「The Buying and Selling Behavior of Individual Investors at the Turn of the Year」(The Journal of Finance 43、1988年、701〜717ページ)。

21. 「Capital Gains Tax Rules, Tax-Loss Trading, and Turn-of-the-Year Returns」(The Journal of Finance 56、2001年、353〜368ページ)。

22. 「Institutions and Individuals at the Turn-of-the-Year」(The Journal of Finance 52、1997年、1543〜1562ページ)。

23. 「Stock Return Seasonalities and the Tax-Loss Selling Hypothesis」(Journal of Financial Economics 12、2001年、105〜127ページ)。

24. 「Institutions and Individuals at the Turn-of-the-Year」(The Journal of Finance 52、1997年、48〜54ページ)。

第8章

1. ルネッサンス・テクノロジーズ社。「Mathematics, Common Sense, and Good Luck : My Life and Career」(2011年1月24日のMITセミナー)。

2. クリフ・アスネス、アンドレア・フラツィーニ、ロン・イスラエル、トビー・モスコウィッツ著「Facts, Fiction, and Momentum Investing」(The Journal of Portfolio Management 40、2014年、75〜92ページ)。

3. 「Trading Costs of Asset Pricing Anomalies」(2014年のAQRのワーキングペーパー)。

4. デビッド・A・レスモンド、マイケル・J・シル、チャンシェン・チョウ著「The Illusory Nature of Momentum Profits」(Journal of Financial Economics 71、2004年、349〜380ページ)。

5. 「Delisting Returns and Their Effect on Accounting-Based Market Anomalies」(Journal of Accounting and Economics 43、2007年、341〜368ページ)。

6. クリス・ジェジーとミハイル・サモノフ著「Two Centuries of Price Return Momentum」(Financial Analysts Journal、2016年)。

7. ウィリアム・F・シャープ著「Capital Asset Prices : A Theory of Market Equilibrium under Conditions of Risk」(Journal of Finance 19 (3)、1964年、425〜442ページ)。

8. ユージン・ファーマとケネス・フレンチ著「Common Risk Factors in the Returns on Stocks and bonds」(Journal of Financial Economics 33、1993年、3〜56ページ)。

9. マーク・カーハート著「On Persistence in Mutual Fund Performance」(Journal of Finance 52、1997年。57〜82ページ)。

第9章

1. ウェスリー・グレイとトビアス・カーライル著『Quantitative Value : a Practitioner's Guide to Automating Intelligent Investment and Eliminating Behavioral Errors』（2012年）。

付録A

1. 「A Model of Investor Sentiment」（Journal of Financial Economics 49、1998年、307～343ページ）。
2. 「Momentum Strategies」（The Journal of Finance 51、1996年、1681～1713ページ）。
3. NBERワーキングペーパー No.20984。
4. タルン・コーディアとラクシュマナン・シバクマー著「Earnings and Price momentum」（AFA 2003 Washington, DC Meetings）。
5. ケント・ダニエルとトビアス・モスコウィッツ著「Momentum Crashes」（Columbia Business School Research Paper、No.14～36）。
6. ユージン・F・ファーマとケネス・R・フレンチ著「Common Risk Factors in the Returns on Stocks and Bonds」（Journal of Financial Economics 33、1993年、3～56ページ）。
7. 「The Effect of Reference Point Prices on Mergers and Acquisitions」（Journal of Financial Economics 106、2012年、49～71ページ）。
8. 「The 52-Week High and Momentum Investing」（The Journal of Finance 59、2004年、1957～2444ページ）。
9. ナラシムハン・ジェガディーシュとシェリダン・ティトマン著「Returns to Buying Winners and Selling Losers : Implications for Stock Market Efficiency」（The Journal of Finance 48、1993年、65～91ページ）。
10. 「Do Industries Explain Momentum?」（The Journal of Finance 54、1999年、1249～1290ページ）。
11. 「Absolute Strength : Exploring Momentum in Stock Returns」（ワーキングペーパー。https://papers.ssrn.com/sol3/papers.cfm?abstract_id=2638004）。
12. 「Dissecting Anomalies」（The Journal of finance 63、2008年、1653～1678ページ）。
13. 「Taming Momentum Crashes : A Simple Stop-Loss Strategy」（ワーキングペーパー。https://papers.ssrn.com/sol3/papers.cfm?abstract_id=2407199）
14. メブ・ファーバー著「A Quantitative Approach to Tactical Asset Allocation」（The Journal of Wealth Management 9、2007年、69～79ページ）。

■著者紹介
ウェスリー・R・グレイ博士（Wesley R. Gray, PhD）
アメリカ海兵隊を大尉で退役したあと、博士号を取得し、ドレクセル大学でファイナンスの教授を務めた。起業と行動経済学に対する興味が高じて、税金に敏感な投資家に対して手ごろなアクティブイクスポージャーを提供するアセットマネジメント会社アルファ・アーキテクトを設立。これまで4冊の本を著し、多数の学術論文を発表。ウォール・ストリート・ジャーナル、フォーブス、CFAインスティチュートには常時寄稿している。シカゴ大学でMBA（経営学修士）とファイナンスの博士号を取得し、ペンシルベニア大学ウォートンスクールでは理学士号を取得し、優秀な成績で卒業した。

ジョン（ジャック）・R・ボーゲル博士（John [Jack] R. Vogel, PhD）
実証的アセットプライシングと行動経済学のリサーチを行い、2冊の本を著し、多数の学術論文を発表。ドレクセル大学ではファイナンス学部と数学学部で講師とリサーチアシスタントを務め、ビラノバ大学ではファイナンスの講師を務めた。現在、SEC（証券取引委員会）登録の投資アドバイザーであり、アルファ・アーキテクトの業務執行社員で、CFO（最高財務責任者）および共同CIF（最高投資責任者）。ドレクセル大学でファイナンスの博士号と数学の理学修士号を取得し、スクラントン大学で数学と教育学の理学士号を取得し、優秀な成績で卒業した。

■監修者紹介
長尾慎太郎（ながお・しんたろう）
東京大学工学部原子力工学科卒。北陸先端科学技術大学院大学・修士（知識科学）。日米の銀行、投資顧問会社、ヘッジファンドなどを経て、現在は大手運用会社勤務。訳書に『魔術師リンダ・ラリーの短期売買入門』『新マーケットの魔術師』など（いずれもパンローリング、共訳）、監修に『高勝率トレード学のススメ』『ラリー・ウィリアムズの短期売買法【第2版】』『コナーズの短期売買戦略』『続マーケットの魔術師』『続高勝率トレード学のススメ』『ウォール街のモメンタムウォーカー』『投資哲学を作り上げる　保守的な投資家ほどよく眠る』『ハーバード流ケースメソッドで学ぶバリュー投資』『システムトレード 検証と実践』『バフェットの重要投資案件20 1957-2014』『堕天使バンカー』『ゾーン【最終章】』など、多数。

■訳者紹介
山下恵美子（やました・えみこ）
電気通信大学・電子工学科卒。エレクトロニクス専門商社で社内翻訳スタッフとして勤務したあと、現在はフリーランスで特許翻訳、ノンフィクションを中心に翻訳活動を展開中。主な訳書に『EXCELとVBAで学ぶ先端ファイナンスの世界』『リスクバジェッティングのためのVaR』『ロケット工学投資法』『投資家のためのマネーマネジメント』『高勝率トレード学のススメ』『勝利の売買システム』『フルタイムトレーダー完全マニュアル』『新版　魔術師たちの心理学』『ラリー・ウィリアムズの短期売買法【第2版】』『ウォール街のモメンタムウォーカー』『グレアム・バフェット流投資のスクリーニングモデル』『Rとトレード』『ザ・シンプルストラテジー』『システマティックトレード』『市場ベースの経営』『世界一簡単なアルゴリズムトレードの構築方法』『システムトレード 検証と実践』『アルゴリズムトレードの道具箱』（以上、パンローリング）、『FORBEGINNERSシリーズ90　数学』（現代書館）、『ゲーム開発のための数学・物理学入門』（ソフトバンク・パブリッシング）がある。

2017年11月3日　初版第1刷発行

ウィザードブックシリーズ ㉕④

ウォール街のモメンタムウォーカー【個別銘柄編】
——株式投資の新しい真実

著　者	ウェスリー・R・グレイ、ジョン（ジャック）・R・ボーゲル
監修者	長尾慎太郎
訳　者	山下恵美子
発行者	後藤康徳
発行所	パンローリング株式会社
	〒160-0023　東京都新宿区西新宿7-9-18　6階
	TEL 03-5386-7391　FAX 03-5386-7393
	http://www.panrolling.com/
	E-mail　info@panrolling.com
編　集	エフ・ジー・アイ（Factory of Gnomic Three Monkeys Investment）合資会社
装　丁	パンローリング装丁室
組　版	パンローリング制作室
印刷・製本	株式会社シナノ

ISBN978-4-7759-7225-0

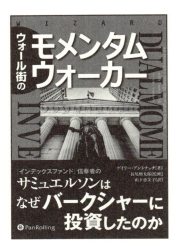

ウィザードブックシリーズ 227

ウォール街のモメンタムウォーカー

定価 本体4,800円+税　ISBN:9784775971949

「効率的市場仮説」を支持したサミュエルソンはなぜ投資先をバークシャーにしたのか

モメンタムは持続する！ 効率的市場仮説は経済理論の歴史のなかで最も重大な誤ちの1つである市場状態の変化をとらえ、低リスクで高リターンを上げ続ける戦略。200年以上にわたるさまざまな市場や資産クラスを調べた結果、1つの事実が明らかになった。それは、「モメンタムは常にアウトパフォームする」ということである。しかし、ほとんどの投資家はモメンタム投資のメリットを見いだし、十分に活用する方法を分かっていない。今まではそうだったが、これからは違う！ 個人投資家だろうが、プロの投資家だろうが、あるいはマネーマネジャーだろうが、デュアルモメンタム投資は、レラティブストレングスと市場トレンドの大きな変化のなかで常に利益を上げ続けることを可能にしてくれるものだ。

近代ポートフォリオ理論と最適化の専門家であるゲイリー・アントナッチは、素晴らしい研究に基づいて、モメンタムという概念をグローバル・エクイティー・モメンタム（GEM）という投資戦略に結実させた。レラティブストレングス・モメンタムと絶対モメンタムを組み合わせたGEMは、大きなドローダウンを避けながら、市場間のトレンドをつかんで利用するという画期的なモデルである。この戦略を規律に従って導入することで、各トレーダーには次のことが可能になるだろう。

- ●米国株、非米国株、債券の切り替え回数を最低限に抑えながら、リスクを低減し、大きな利益を得る
- ●資産価値が減少し始めたときに、投資リスクをコントロールする
- ●意思決定プロセスから感情と行動バイアスを取り除くと同時に、他人のバイアスを利用して、大きなリターンを上げる

本書ではGEMを、裏づけとなる理論、これまでの分析、理解しやすいデータを使って、簡単かつ明確に解説する。この実用的なテクニックは現実世界とも一致する。デュアルモメンタムトレードがなぜうまくいくのかについての理解を深め、あなたの投資にぜひ活用してもらいたい。コストの安いブローカーの選び方から、資産の選択、定年退職に向けてあなたの戦略をカスタマイズする方法まで、あらゆることを網羅している本書を読めば、投資に対する自信が向上ことだろう。

これまで富を稼ぐのに多大な努力をしてきたあなた。今こそ、次のステップに進むときだ。築いてきた富を守りながら、さらにそれを増やすように本書を活用してもらいたい。

ウィザードブックシリーズ 10

賢明なる投資家
割安株の見つけ方と
バリュー投資を成功させる方法

定価 本体3,800円+税　ISBN:9784939103292

市場低迷の時期こそ、
威力を発揮する「バリュー投資のバイブル」

ウォーレン・バフェットが師と仰ぎ、尊敬したベンジャミン・グレアムが残した「バリュー投資」の最高傑作！　だれも気づいていない将来伸びる「魅力のない二流企業株」や「割安株」の見つけ方を伝授。

ウィザードブックシリーズ 239

バフェットからの手紙[第4版]
世界一の投資家が見た
これから伸びる会社、滅びる会社

定価 本体2,000円+税　ISBN:9784775972083

バフェット率いる投資会社バークシャー・ハサウェイの年次報告書で米企業の全体像がわかる！

生ける伝説の投資家が明かすコーポレート・ガバナンス、成長し続ける会社の経営、経営者の資質、企業統治、会計・財務とは——。

ウィザードブックシリーズ 220

バリュー投資
アイデアマニュアル
得意分野を見極めるための戦略の宝庫

定価 本体2,800円+税　ISBN:9784775971888

「あなたの性格に合ったバリュー投資法」を探せ！
プチバフェットになるための金鉱を掘り当てる！

本書のテーマである素晴らしいアイデアは、投資の活力の元である。これを読んで、利益につながる新しい独自のバリュー投資のアイデアを生み出す方法を学んでほしい。

ウィザードブックシリーズ 179

オニールの成長株発掘法
【第4版】

定価 本体3,800円+税　ISBN:9784775971468

大暴落をいち早く見分ける方法

アメリカ屈指の投資家がやさしく解説した大化け銘柄発掘法！投資する銘柄を決定する場合、大きく分けて2種類のタイプがある。世界一の投資家、資産家であるウォーレン・バフェットが実践する「バリュー投資」と、このオニールの「成長株投資」だ。

ウィザードブックシリーズ 198

株式売買スクール
オニールの生徒だからできた
1万8000%の投資法

定価 本体3,800円+税　ISBN:9784775971659

伝説の魔術師をもっともよく知る2人による
成長株投資の極意！

株式市場の参加者の90％は事前の準備を怠っている。オニールのシステムをより完璧に近づけるために、大化け株の特徴の有効性を確認。

ウィザードブックシリーズ 240

成長株投資の神

定価 本体2,800円+税　ISBN:9784775972090

4人のマーケット魔術師たちが明かす戦略と資
金管理と心理　これであなたの疑問は解決！

今までだれにも聞けなかったけれどぜひ聞いてみたかったこと、今さら聞けないと思っていたこと、どうしても分からなかったことなど、あらゆるレベル投資家にやさしく分かりやすい言葉で答えてくれている！